J新書 10

単語は原義でマスター
ネイティブ発想 英単語

遠藤　尚雄
Endo Hisao

Jリサーチ出版

はじめに

　海外に赴任していたころ、ネイティブの友人が次のようなことを言いました。

Kathy does not know it, but Pierre has romantic intentions.

　一見すると、どうやらピエールがキャシーに恋心を抱き、でもキャシーはそれに気づいていない、という意味のように思えます。しかし **romantic** という英単語は「ロマンティック」とカタカナで使われる印象の、愛とか恋愛に関する意味だけではなく、非常に含蓄の富んだニュアンスを秘めています。もしこの表現を **Pierre loves Kathy.** という表面的な意味にしかとらえることができなければ、私たちはピエールの本当の気持ちをわかってやることはできません。

　ネイティブの人であれば、**romantic** という英単語の 原義 をよく知っています。そして下図のように、原義である①「愛の」から、②美しい、③非常に空想的で情緒豊かな、④感覚的な、空想的な、感情的な、繊細な、という複数の意味を瞬間的に導き出すことができるのです。

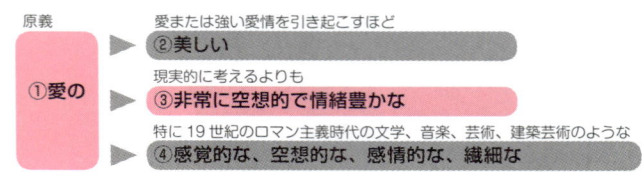

　すなわち **romantic** は③の意味で使われ、かねがね関心のあるキャシーに対して、ピエールはどうすれば彼女と親しくなれるかと、「非

常に空想的で情緒豊かな」intentions を持っているところなのです。さらにネイティブの人であれば瞬間的に intentions の s（複数形）にも注目するでしょう。intend は plan（計画する）よりもさらに強い意思と計画性を持つ動詞です。それが名詞化され複数形になっています。すなわちキャシーを口説くために１つの方法を考えているのではなく、ピエールはあの手この手と綿密に計画しているのです。ここにピエールがキャシーにただ好意を持っているというだけではない深い意味を読み取ることができます。２人の気持ちをほぐし、もっと近づきたい。そんな祈るようなピエールの気持ちを、この文章を見せたアメリカ人はみな同じように理解しました。あるアメリカ人は「これはファーストフード店でハンバーガーを食べているような雰囲気ではないな。もっと高級なレストランで食事し、よいムード・ミュージックでも流れているときのような話だ」とも言いました。

　なぜ、彼らはこのようなニュアンスを瞬間的に読み取ることができるのか。それは英単語の 原義 を知っていて、それをもとに複数の意味を連想展開する想像力があるからです。私たち日本人が難しい漢字を目にしたとき、その成り立ちから意味を想像しようとするのと似ていますね。急がば回れ。原義 をしっかり覚えておけば、語彙力は飛躍的にアップします。

CONTENTS

はじめに　2
本書の使い方　6
Warm up 編　8

Basic 編

absorb 動　14	handle 動　52	interrupt 動　85
accommodate 動　16	indicate 動　54	justify 動　86
account 動　18	notice 動　56	progress 動　87
address 動　20	occupy 動　58	promote 動　88
adopt 動　22	preserve 動　60	resume 動　89
apply 動　24	raise 動　62	alien 形　90
charge 動　26	recognize 動　64	critical 形　92
contain 動　28	reduce 動　66	independent 形　94
contribute 動　30	reflect 動　68	local 形　96
deal 動　32	release 動　70	mature 形　98
determine 動　34	resolve 動　72	plain 形　100
distinguish 動　36	retire 動　74	alternative 形　102
disturb 動　38	transfer 動　76	available 形　103
employ 動　40	withdraw 動　78	bill 名　104
encourage 動　42	claim 動　80	effect 名　106
exchange 動　44	entertain 動　81	figure 名　108
exhaust 動　46	expand 動　82	interest 名　110
fix 動　48	infect 動　83	
grab 動　50	intend 動　84	

Advanced編

abandon 動	114	qualify 動	152	fertile 形	182
administer 動	116	relieve 動	154	genuine 形	183
anticipate 動	118	restrain 動	156	humble 形	184
appreciate 動	120	retain 動	158	vital 形	185
assume 動	122	seize 動	160	feature 名	186
assure 動	124	settle 動	162	issue 名	188
attach 動	126	suspend 動	164	occasion 名	190
decline 動	128	sustain 動	166		
dispose 動	130	acquire 動	168		
dispute 動	132	embarrass 動	169		
eliminate 動	134	endure 動	170		
flatter 動	136	grant 動	171		
fulfill 動	138	pledge 動	172		
impose 動	140	resign 動	173		
launch 動	142	undertake 動	174		
manipulate 動	144	urge 動	175		
observe 動	146	acute 形	176		
proceed 動	148	moderate 形	178		
pursue 動	150	profound 形	180		

本書の使い方

STEP 1

図を見て、一番左の原義がどのように
複数の意味に広がるかをチェック！

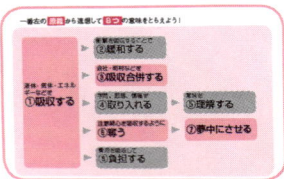

STEP 2

ポイント！ を読んで、英単語の成り立
ちや派生語も学んでおく！

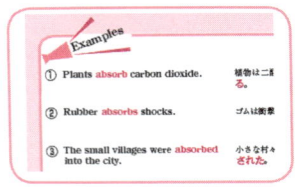

STEP 3

図のそれぞれの意味にそった用法を
Examples の英文でチェック！

STEP 4

もう一度図に戻って、Examples の用法と照らしあわせてみよう！

<学習のポイント>

　本書では語彙の想像力が身につきます。語彙の想像力とは、ある英単語が知っている意味で使われていないとき、英単語が生まれたときの原義から連想して、適切な意味を思いつく力です。
　ここにあげた１００語にとどまらず、英単語は原義をまず覚えることに注意し、原義から複数の意味を頭の中で瞬時に連想展開できるように、本書で覚え方を体得してください。

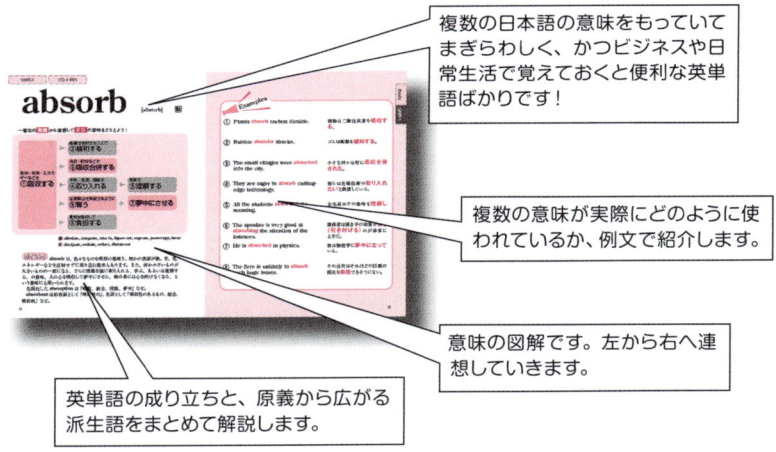

複数の日本語の意味をもっていてまぎらわしく、かつビジネスや日常生活で覚えておくと便利な英単語ばかりです！

複数の意味が実際にどのように使われているか、例文で紹介します。

意味の図解です。左から右へ連想していきます。

英単語の成り立ちと、原義から広がる派生語をまとめて解説します。

<CDの使い方>

　CDの音声では複数の意味が実際にどのように使われるのか、発音を含めて確認できます。図のイメージを頭に入れておけば、CDを聴くだけで英単語の複数の意味をより確実に覚えることができます。

<マークについて>

動　動詞　　形　形容詞　　名　名詞
自　自動詞　他　他動詞

　動詞については自動詞用法と他動詞用法があり、本書ではより一般的な用法を優先的に扱い、区別して覚えておきたいものには 自 他 のマークを添えています。ポイント！にもできる限りの補足を心がけました。自動詞と他動詞について詳しく知りたい方はp12をお読みください。

<発音記号について>

　発音記号は辞書によって多少の違いがありますが、本書ではアメリカ西海岸の発音を採用し、主に『The New Victory Anchor』(Gakken)の発音表記に準拠しました。

Warm-up編

turn [tˈəːrn] 動

一番左の 原義 から連想して 8つ の意味をとらえよう！

意味に対応する例文をチェック！

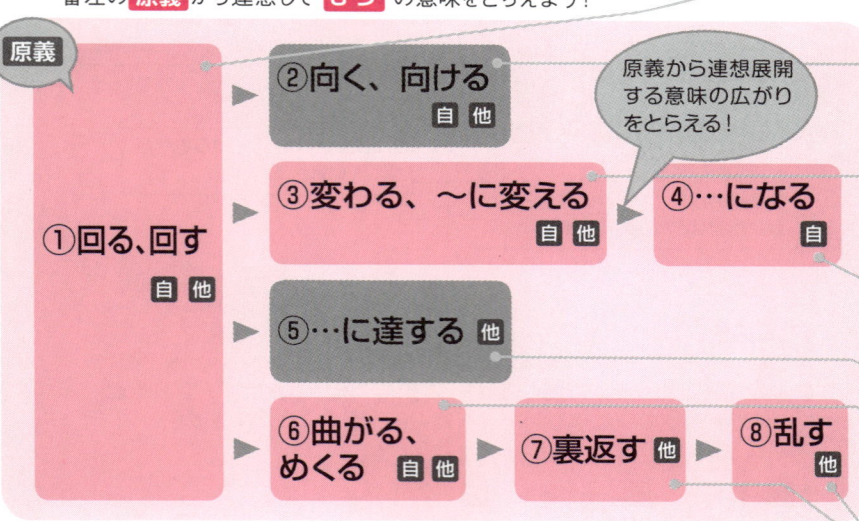

原義から連想展開する意味の広がりをとらえる！

原義
① 回る、回す 自他
② 向く、向ける 自他
③ 変わる、〜に変える 自他
④ …になる 自
⑤ …に達する 他
⑥ 曲がる、めくる 自他
⑦ 裏返す 他
⑧ 乱す 他

類 rotate, revolve, twist, deflect, divert, change

ポイント！ 次のように元の意味の「回る（自）」、「回す（他）」から → のように連想展開していきます。
　自動詞：　回る → 曲がる → 方向が変わる → 回ると状況が変わる
　他動詞：　回す → めくる → 裏返す → 乱す
　この **turn** という動詞は、自動詞と他動詞の区別がつきやすい動詞ですね。

Examples

① **The key would not** turn.　　　　　鍵はどうしても回らなかった。

　　He turned **the key clockwise.**　　彼は鍵を右に回した。

② Please turn **toward me.**　　　　　　私の方を向いてください。

　　Please turn **your face this way.**　　こちらを向いてください。

③ Ice turned **to water.**　　　　　　　氷が水に変わった。

　　The witch turned **a pumpkin into a carriage.**　　魔法使いはかぼちゃを馬車に変えた。

④ **Suddenly, he** turned **pale.**　　　　突然、彼は青ざめた。

⑤ **She** turned **80 this year.**　　　　　彼女は今年 80 歳になった。

⑥ **The car** turned **the corner.**　　　　車は角を曲がった。

　　Please turn **over the page.**　　　　頁をめくってください。

⑦ **She** turned **her overcoat inside out.**　　彼女はオーバーコートを裏返しにした。

⑧ **Her mind was** turned **by the story.**　　その話を聞いて女の心は乱された(動揺した)。

9

Warm-up編

grow

[grou]　動

一番左の**原義**から連想して**7つ**の意味をとらえよう！

意味に対応する例文をチェック！

原義

大きさ、数、力、質で

ゆっくりと時間をかけて大きくなる 自

▶ ①人間、動物、植物などが成長する 自
▶ 人間に関して ②ある分野で成長する 自
▶ 人間に関して ③ある分野で優れる 自
▶ 事業に関して ④大きさ、質などが伸びる 自
▶ ⑤髪の毛、爪などが伸びる 自
▶ ⑥徐々になる 自
▶ ⑦…を栽培する 他

原義から連想展開する意味の広がりをとらえる！

類 mature, become, develop, increase, extend, expand, enlarge, nurture, raise, cultivate

ポイント！ 先ず原始人が目先に見たもの。それは人間、動物、植物などでしょう。人間、動物、植物などの共通性は何かと考えると「非常に遅い速度で大きくなっていくもの」です。その「時間をかけて成長する」ことが **grow** の原義であり、他の何事においても「徐々に大きくなる、優れてくる」といった意味で用いられます。
　ほとんどが自動詞としての意味ですが、⑦だけは「…を栽培する」と他動詞で使われています。

Examples

① **The humidity here is good for moss to grow.**
ここに湿気があるので苔が**成長する**のに適している。

② **This boy has grown by 10 cm last year.**
この子は昨年 10 センチ**伸びた**。

③ **He continues to grow as a pianist.**
彼は絶えずピアニストとして**腕をのばして**きている。

④ **Our business has kept growing.**
我々の事業は**伸び**続けてきた。

⑤ **Hair grows by about 1 cm per month.**
髪の毛は毎月 1 センチ**伸びる**。

⑥ **He grew more and more impatient as the room temperature rises.**
部屋の温度が上がるにつれて彼は**ますますいらいらしてきた**。

⑦ **People grow rice in this country.**
この国では米を**栽培している**。

MEMO

自動詞・他動詞の理解をさらに深めるために その定義を整理しておきましょう

●自動詞的用法（動詞がその後に目的語を伴わずに文が成立している）
① **She sang well in front of the class.**　彼女はクラスの皆の前で上手に歌った。
　　S　　V
　　　　(自動詞)

●他動詞的用法（目的語を伴って文が成立している）
② **She sang a lullaby for her little sister.**　彼女は妹に子守唄を歌ってあげた。
　　S　　V　　　O
　　　　(他動詞)

①は「歌を歌う」行為そのものにウェイトがあり、②は「何を歌ったのか」行為の対象（目的語）にウェイトがある。

上の **sing** の例が示すとおり、多くの動詞は2つの用法を持っています。自動詞の代表的なものとして思い浮かぶ **live** も、**live a happy life**（幸せに暮らす）といった場合、他動詞用法であるわけです。

※また、自動詞は前置詞や副詞などと結びついて、他動詞と同様の働きをする場合があることにも注意しましょう。（この場合も動詞自体は文法上自動詞です）

① **He arrived　　　at　　　London.**　彼はロンドンに着いた。
　　(自動詞)　＋　(前置詞)　(前置詞目的語)
　　　　　　　　他動詞的
② **He reached London.**　彼はロンドンに着いた。
　　(他動詞)　(他動詞の目的語)

日本語では自動詞、他動詞の区別を特に意識しないのが普通ですが、英語では動詞の性質によって文型が **SV、SVC、SVO、SVOO、SVOC** の5文型に分かれるので、文の構造を正しく理解する上で自動詞、他動詞の意識は大切です。

Basic

UNIT-1　　CD ▶ 001

absorb [əbsɔ́:rb] 動

一番左の 原義 から連想して 8つ の意味をとらえよう！

液体・気体・エネルギーなどを
① 吸収する

▶ 衝撃を吸収することで
② 緩和する

▶ 会社・町村などを
③ 吸収合併する

▶ 学問、思想、情報を
④ 取り入れる ▶ 意味を
⑤ 理解する

▶ 注意関心を吸収するように
⑥ 奪う ▶ ⑦ 夢中にさせる

▶ 費用を吸収して
⑧ 負担する

類 alleviate, integrate, take in, figure out, engross, preoccupy, incur
反 dissipate, radiate, reflect, disinterest

ポイント！ absorb は、色々なものを吸収の意味と、何かの表面が熱、音、光、エネルギーなどを反射せずに取り込む意味もあります。また、何か小さいものが大きいものの一部になる、さらに情報を頭に取り入れる、学ぶ、あるいは理解する、の意味、人の心を吸収して夢中にさせる、他の事には心を向けなくなる、という意味にも用いられます。

　名詞化した **absorption** は「吸収、統合、没頭、夢中」など。

　absorbent は形容詞として「吸収性の」、名詞として「吸収性のあるもの、統合、吸収剤」など。

① Plants absorb carbon dioxide. 植物は二酸化炭素を**吸収する**。

② Rubber absorbs shocks. ゴムは衝撃を**緩和する**。

③ The small villages were absorbed into the city. 小さな村々は町に**吸収合併された**。

④ They are eager to absorb cutting-edge technology. 彼らは先端技術の**取り入れたい**と熱望している。

⑤ All the students absorbed the meaning. 全生徒はその意味を**理解した**。

⑥ The speaker is very good at absorbing the attention of the listeners. 講演者は聞き手の注意を**奪う（引き付ける）**のが非常に上手だ。

⑦ He is absorbed in physics. 彼は物理学に**夢中になっている**。

⑧ The firm is unlikely to absorb such huge losses. その会社はそれほどの巨額の損失を**負担**できそうにない。

UNIT-2　　CD ▶ 002

accommodate

[əkάmədèit] 動

一番左の 原義 から連想して 9つ の意味をとらえよう！

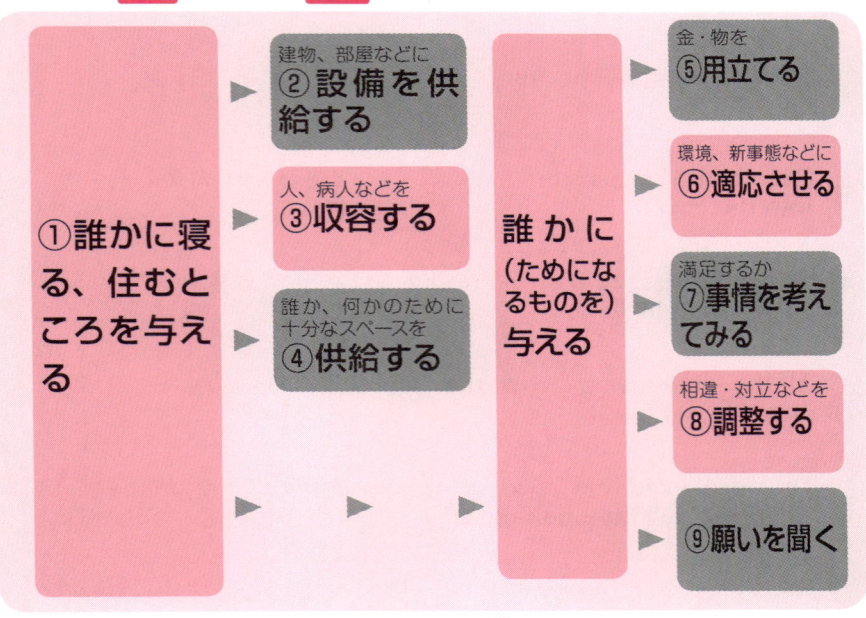

類 adapt, adjust, settle, grant, help out

ポイント！ accommodate のもとの意味は「誰かに寝る、住むところを与える」で、この意味から直接展開したのが②、③、④であり、「誰かに与える（ためになるものを）」に展開したものの⑤～⑨に分かれてきています。形容詞 **accommodating** は「親切な、世話好きな、強調的な、融通のきく」などの意味となり、名詞 **accommodation** は「交通機関、宿泊設備、食事サービスなどの公衆のための便宜、恩恵、好意、適応、順応、和解、調停、（遠近の）調節」などの意味で用いられます。

① **The hotel can accommodate 300 guests.**
そのホテルは300人収容できる。

② **The hotel is well accommodated.**
そのホテルは設備が良い。

③ **This car can accommodate 6 persons.**
この車には6人が収容できる（乗れる）。

④ **About 80 minutes of music can be accommodated on one CD.**
1枚のCDに音楽でおよそ80分ほどの容量が供給可能だ。

⑤ **Could you accommodate us with some money?**
お金をいくらか用立てていただけませんか。

⑥ **We had to accommodate our standards to theirs.**
私達の規格を彼らの規格に適合させなければならなかった。

They successfully accommodated themselves to their new circumstances.
彼らはうまく新しい環境に順応できた。

⑦ **Our proposal tries to accommodate the special needs of minority groups.**
われわれの提案は少数派グループの特殊な必要を満足できるか事情を考えてみることです。

⑧ **Those countries were able to accommodate their dispute.**
それらの国々は紛争を調整することができた。

⑨ **The goddess accommodated a boy's wish.**
女神は少年の願いを聞いてやった。

I have accommodated the press a great deal, giving numerous interviews.
私は、数多くのインタビューを受けてあげ、報道陣の願いをかなり聞いてきた。

UNIT-3　　CD ▶ 003

account [əkáunt] 動

一番左の 原義 から連想して **6つ** の意味をとらえよう！

誰か（何か）の実態について意見を持つ、報告する

→ 発生原因を
① 説明する 自

→ 良くなかった行為につき
② 釈明する 自

→ 非があることを認めて
③ 責任がある 自

→ 金銭を計算して
④ 会計報告する 自

→ ある割合を数え上げると
⑤ 占める 自

→ 人、物事を〜であるもののひとつとして
⑥ 〜だと考える 他

類 report, relate, narrate, attribute, be responsible for, amount to

ポイント！ 誰か、何かの実態について意見を持つ、報告する、がもとの意味でそれから①〜⑥の意味に展開しています。それぞれが抽象的な意味なので理解しにくいでしょうが、連想展開図の①〜⑥までの例文をじっくりと理解すると、この単語の意味も覚えやすくなるでしょう。

　名詞 account は「計算書、会計簿、預金口座、報告、話、釈明、記事、考慮、重要性」など幅広い意味を持っています。

　形容詞 accountable は「釈明する責任がある」。

　名詞 accountability は「説明責任」。

① That accounts for the accident. / それが事故の原因を**説明する**。

② How can you account for your negligence? / あなたの怠慢をどう**釈明する**つもりですか。

③ You must account for your conduct. / あなたは自分の行為の**責任をとら**なければならない。

④ They accounted to the auditor. / 監査役に**会計報告をした**。

⑤ Imports from Korea accounted for 30% of the total. / 韓国からの輸入は全体の30パーセントを**占めた**。

⑥ He's accounted to be diligent. / 彼は勤勉**だと思われている**。

address [ədrés] 動

一番左の 原義 から連想して 7つ の意味をとらえよう！

ある方向に言葉や、心を向ける

- 手紙などを人に宛てて ①送る ▶ ②宛名を書く
- 人に向かって ③話しかける
  - 聴衆に向かって ④演説する
  - 関係者に向かって ⑤申し入れる
- 呼称を用いて ⑥〜と呼びかける
- 問題の解決に精力や注意を向けて ⑦取り組む

類 end, direct, speak to, deliver a speech, call, tackle

ポイント！ address は ad（= ac）と dress からなりたっていますが、dress は本来、direct に由来し、「真っ直ぐ並べる」ことです。（ここから服装を整える意味の dress の意味が出てきます）

　address は、「ある方向へ真っ直ぐ向ける」ということであり、その対象が物であったり、言葉であったり、心であったりすることにより、様々な意味に分かれるのです。

　動詞と名詞ではアクセントが異なり、それに伴って発音も異なりますが、名詞の address は、「宛先、住所」の意味では [ǽdres] と発音し、「演説、挨拶、請願」などの意味では動詞と同様に [ədrés] と発音することにも注意しましょう。

① **Yesterday, I certainly addressed a package to him.**

昨日、確かに小包を彼宛てに**送り**ました。

② **The letter was correctly addressed, but delivered to the wrong house.**

その手紙は正しく**宛名書き**れていたけれど間違って配達された。

③ **He addressed me politely.**

彼は私に丁寧に**話しかけて**きた。

④ **The candidate is scheduled to address an audience tomorrow.**

その立候補者は明日聴衆に**演説をする**予定だ。

⑤ **The group is preparing to address a petition to the council.**

その団体は審議会に請願書を**提出する**準備をしている。

⑥ **We address the King as "Your Majesty".**

国王には「陛下」と**呼びかける**。

⑦ **We must address (ourselves to) the problem of global warming.**

私達は地球温暖化の問題について**取り組ま**なければならない。

adopt [ədɑ́pt] 動

一番左の 原義 から連想して 7つ の意味をとらえよう！

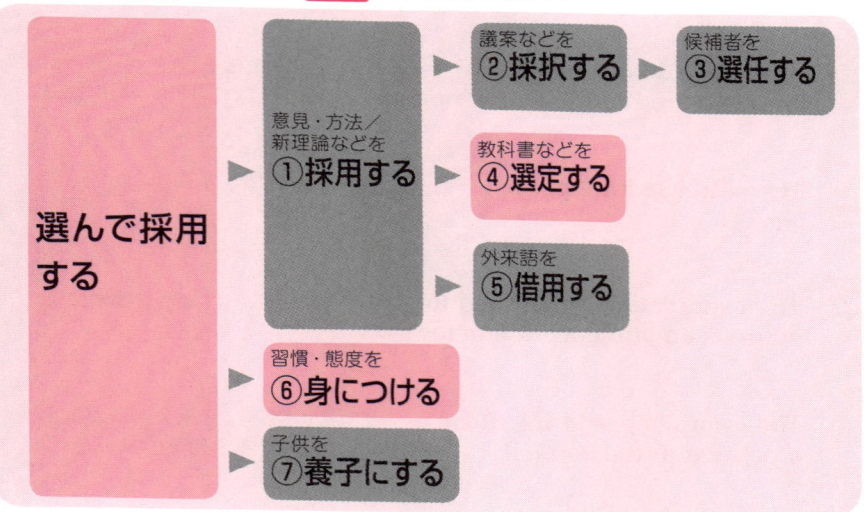

類 embrace, carry, select, nominate, assume, borrow, foster

ポイント！ adopt は ad（=to）、opt「選ぶ」から、「採用する」ことをいいます。opt が選ぶことであるのは option「選択」から察することができますね。

choose は主に個人の生活の中での選択についていいますが、adopt は公の立場としての選択、採用についていいます。

名詞 adoption は、「採用、採択、計画の実行、養子縁組、候補者の指名、外来語の借用」などの意味です。

人を表す名詞 adopter は「採用（採択）者、養い親」を意味し、adoptee は「養子、採用（採択、選定、借用）されたもの」を意味する対語です。形容詞の adoptive は「養子関係の、採用（借用）する傾向のある」などの意味です。

Examples

① **They adopted totally new methods.** 　彼らは全く新しい方式を**採用した**。

② **The Diet finally adopted the bill.** 　国会はついにその議案を**採択した**。

③ **We adopted him as our representative.** 　私達は彼を私達の代表として**選任した**。

④ **The school adopted the history textbook in question.** 　その学校は例の歴史教科書を**選定した**。

⑤ **We have had a lot of adopted words in Japanese.** 　日本語には昔からたくさんの外来(**借用**)語があります。

⑥ **They adopted the American culture.** 　彼らはアメリカ文化を**身につけた**。

⑦ **They decided to adopt a child.** 　彼らは**養子をとる**ことに決めた。

UNIT-6　　CD ▶ 006

apply

[əpláí]　　動

一番左の 原義 から連想して 10 の意味をとらえよう！

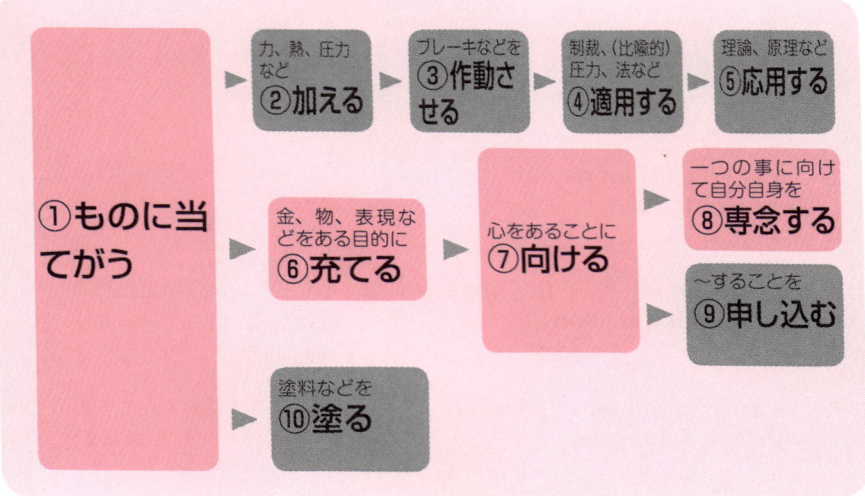

類 put, lay on, work, use, appropriate, allot, turn, spread

ポイント！　apply は、何かを対象物に重ねあてること。ガーゼ、ペンキなどの具体物を当てる、さらに力、熱、圧力などを加える、原理などを当てて応用する、心を向けていくという抽象的な使い方まで意味が発展し、幅広く用いられる単語です。
　自動詞 apply は主語が対象に向かって自身を当てていくことから、「当てはまる、申し込む」などとなります。

　　electric appliances 家庭電化製品　　**application** 適用、応用
　（例）**This tendency doesn't apply to the group.**
　　　　この傾向はその集団には当てはまらない。
　　　　He is going to apply for the job.　彼はその仕事に応募するつもりだ。
　名詞 **appliance** は「(小型の) 器具、工具」(例) **medical appliances** 医療器具

Examples

① I applied a piece of gauze to the cut.

私は切り傷にガーゼを当てがった。

② He applied light pressure on the lever.

彼はレバーに軽い圧力を加えた。

③ The driver managed to apply the brakes.

運転手は何とかブレーキをかける(作動させる)ことができた。

④ They decided to apply economic sanctions on the country.

その国に経済制裁を適用すると決定した。

⑤ This invention is widely applied to the automobile industry.

その発明は広く自動車産業に応用されている。

⑥ The money is to be applied to the debt.

その金は負債の支払いに充てることになっている。

⑦ He applied his mind to the assignment.

彼は宿題に打ちこんだ。

⑧ You should apply yourself to your studies.

あなたは勉強に専念すべきです。

⑨ She applied to go back.

彼女は帰国を申し出た。

⑩ He applied the coat of varnish to the desk.

彼は机にニスの上塗りをした。

charge

[tʃáːrdʒ]　動

一番左の 原義 から連想して 9つ の意味をとらえよう！

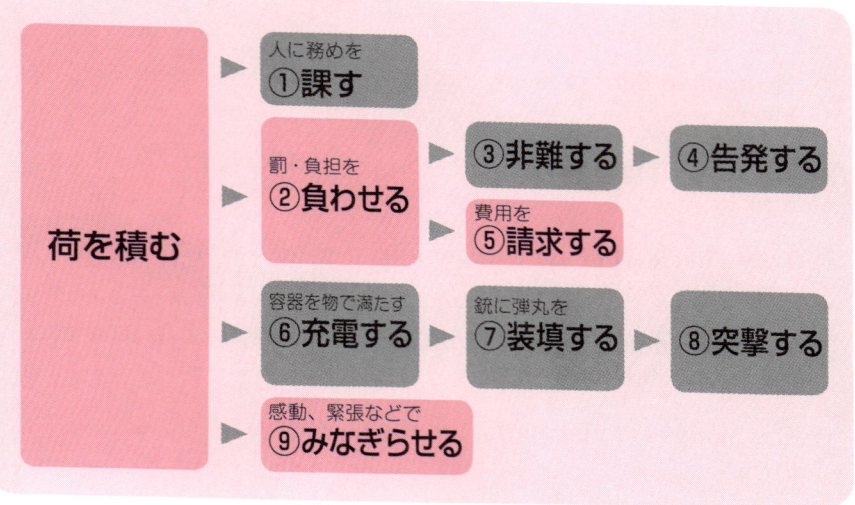

類 burden, accuse, blame, tax, fill, load, strike, attack

ポイント！　charge は車に「荷を積む」がもとの意味です。負担を課すことから、任務や罪や、支払いなどを負わせることであり、また、空の荷馬車に荷をいっぱいに積むことから、比喩的に、その場いっぱいに何かを充満させることにもなります。

自動詞 charge は「支払いを請求する、つけで買う、突進する、充電される」など。また名詞としては「料金、つけ、負担、責任、世話、管理、非難、告発、突撃、充電、装填（量）、一回分の投入量」など。

① I was charged with a heavy task. 　　私は重大な任務を**課された**。

② He was charged with a crime. 　　彼は罪を**負わせられた（着せられた）**。

③ His superior charged him with laziness. 　　彼の上司は彼が怠惰であると**非難した**。

④ He was charged with bribery. 　　彼は贈賄罪で**告発された**。

⑤ We charged 2,000 yen for the article. 　　その商品の代金として2,000円**請求した**。

⑥ The battery went dead. I have to charge it soon. 　　電池が切れた。すぐに**充電し**なければ。

⑦ He quickly charged a gun and fired at the target. 　　彼は素早く銃に弾丸を**装填して**的をねらって撃った。

⑧ Police charged a gang of smugglers. 　　警察は密輸組織を**突撃した**。

⑨ The conference was charged with tension. 　　会議には緊張感が**みなぎっていた**。

UNIT-8　　CD ▶ 008

contain [kəntéin] 動

一番左の 原義 から連想して 7つ の意味をとらえよう！

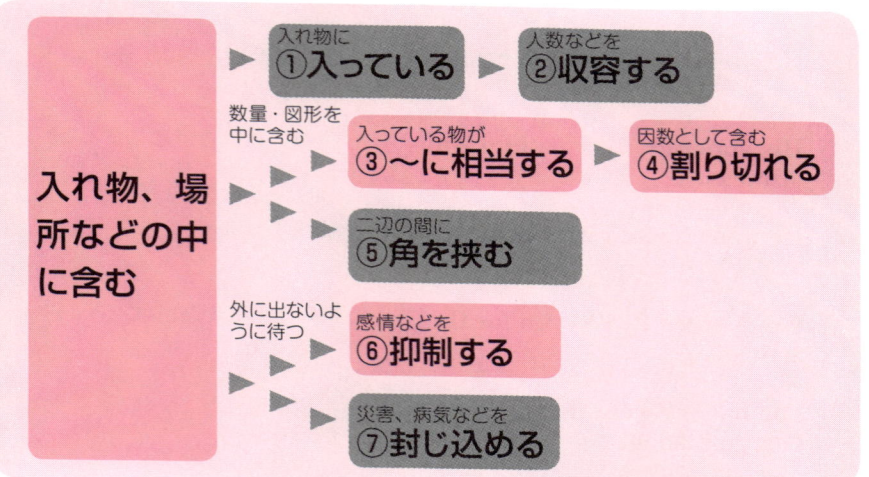

類 include, comprise, incorporate, embody, hold, restrain, check, accommodate, correspond to, embrace, control

ポイント！　contain は「入れ物、場所などの中に含む」ことがもとの意味です。含まれるものが、具体的なものであったり、人であったり、あるいは数学分野でいえば角であったり、数量であったりするわけです。そして、単純に「含む」意味から「外へ出ないように押さえ込む」という強い意図を伴う意味へと連想展開すると、「抑制する」「封じ込める」が違和感なく理解されます。こうして動詞で連想展開がスムーズに行くと、次の形容詞、名詞のそれぞれの意味が入りやすくなりますね。形容詞 contained は「感情を抑えた、平静な」など。名詞 container は「入れ物、容器、コンテナ」。日本人は最初の「コ」にアクセントを置いて発音しがちですが英語のアクセントは [kəntéinər] と「エ」にあり、しかも「エイ」と二重母音で発音するのです。

　containment は「内に入れておくこと、押さえ込み、封じ込め政策」など。

① **This box contains oranges.** — この箱にミカンが**入っている**。

② **This stadium will contain 50,000 people.** — この競技場には5万人**収容できる**。

③ **A yard contains three feet.** — 1ヤードは3フィートに**相当する**。

④ **15 contains 5 and 3.** — 15は5と3で**割り切れる**。

⑤ **Is the angle contained by the two sides acute or obtuse?** — その二辺に**はさまれている**のは鋭角ですか、鈍角ですか。

⑥ **She couldn't contain her excitement.** — 彼女は興奮を**抑え**られなかった。

⑦ **The country managed to contain SARS.** — その国は何とかSARSを**封じ込めた**。

contribute

[kəntríbjuːt] 動

一番左の 原義 から連想して 5つ の意味をとらえよう!

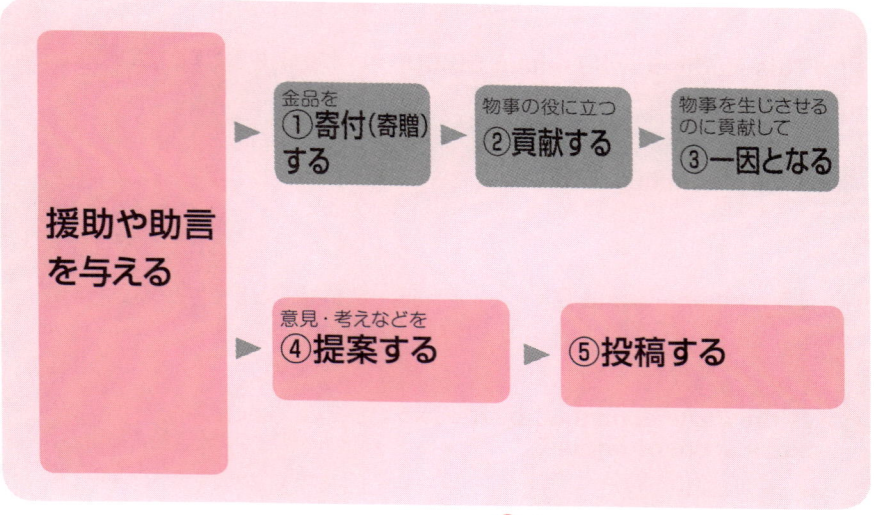

類 give, donate, assist, serve, conduce

ポイント！　tribute は「貢物」のこと、contribute は貢物を「すっかり与えてしまう」こと、つまり援助や助言を与え、役に立つことが原義です。（tribute の仲間の attribute は「結果を…に帰する」、distribute は「分配すること」。意味の違いを比べてみると、それぞれの意味がよりつかみやすくなりますね）

　名詞 contribution は「寄付（金）、寄贈（品）、寄与、貢献、寄稿」など。contributor は「寄付者、貢献家、投稿者」など。

Examples

① **The charity group contributed a large amount of money to the earthquake victims.**

その慈善団体は地震被害者に多額の金を**寄付した**。

② **His performance contributed largely to our victory.**

彼の活躍が我々の勝利に大きく**貢献した**。

③ **Avariciousness often contributes to one's ruin.**

金銭に強欲であることがしばしば身の破滅の**一因となる**。

④ **The newcomer contributed a new idea to the work.**

その新人は新しい考えを仕事に**提案した**。

⑤ **She contributed an article to the magazine.**

彼女はその雑誌に論文を**投稿した**。

deal

[diːl] 動

一番左の 原義 から連想して 9つ の意味をとらえよう！

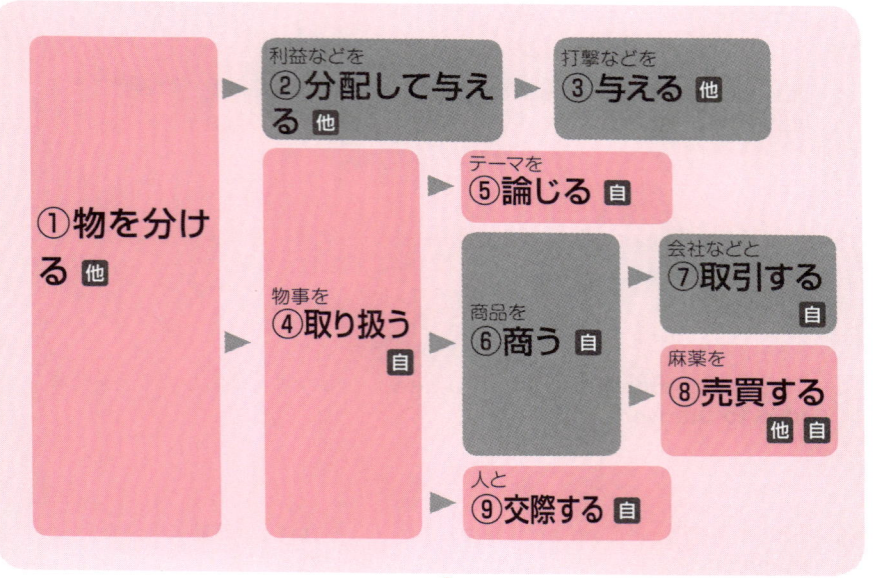

類 give, bestow, dole, distribute, inflict, treat

ポイント！　deal は本来分けられた一部のことです。
　名詞の deal は「取引、処置、扱い、トランプなどの札を配ること、配られた手札、分量、額」など。
　a great deal of...「たくさんの量の、ずいぶん」という表現は「分量」の意味で用いられている。

① The conjurer **dealt** the cards to three people.
その手品師はカードを3人に**配った**。

② The money was **dealt** out fairly.
その金は公平に**分配**された。

③ The magazine article **dealt** a severe blow to the actor.
その雑誌記事は俳優に手痛い一撃を**与えた**。

④ The mayor **dealt** with difficult problems one after another.
その市長は次々と難問を**取り扱った**。

⑤ This book **deals** with ancient history.
この本は古代史を**論じている**。

⑥ She works for a company **dealing** in diamonds.
彼女はダイヤモンドを**商う**会社に勤めています。

⑦ We are now **dealing** with several Brazilian companies.
わが社は今ブラジルの数社と**取引をして**います。

⑧ I saw people **dealing** openly on the street.
道で公然と麻薬を**売買している**人を見た。

⑨ He is rather difficult to **deal** with.
彼はちょっと**付き合い**にくい。

UNIT-11　　CD ▶ 011

determine

[ditə́:rmin]　動

一番左の 原義 から連想して 5つ の意味をとらえよう！

はっきりと定める
- ～することを ①決心する
- 物事を ②決定する ▶ ③判決を下す
- 量、位置などを ④測定する
- 概念などを ⑤規定する

類 decide, resolve, settle, define, delimit, specify

ポイント！　de（= down）下へ、分離して、term 境界を定めることから、determine は境界線を引く気持ちで「はっきりと定める、堅く決心する、決定する」という意味です。そこから何かの位置、量などを決定するため、測定するという意味を帯びたり、また、概念を規定するという抽象的な使い方になったりしますが、これらはもとの境界線を引くイメージとしっかり結びつきます。

自動詞用法もありますが、他動詞用法より堅い表現になります。

(例) **She determined on accepting the offer.**
　　彼女はその申し入れを受け入れることに決心した。

形容詞化した determined は「堅く決心した、断固とした」など。
また、名詞 determination は「決心、決定、決断、確定」など。

Examples

① **She determined to accept the offer.**

彼女はその申し入れを受けようと**決心した**。

② **They determined the date for the next meeting.**

彼らは次の会合の日取りを**決定した**。

③ **Lords heard and determined any dispute.**

領主は審議し一切の紛争につき**判決を下した**。

④ **Astronomers determined the position of the comet.**

天文学者達はその彗星の位置を**測定した**。

⑤ **At first we should determine the meaning of these several words.**

最初にこれらの2、3の語の意味を**規定**すべきですね。

UNIT-12　CD ▶ 012

distinguish

[distíŋgwiʃ]　動

一番左の 原義 から連想して 6つ の意味をとらえよう！

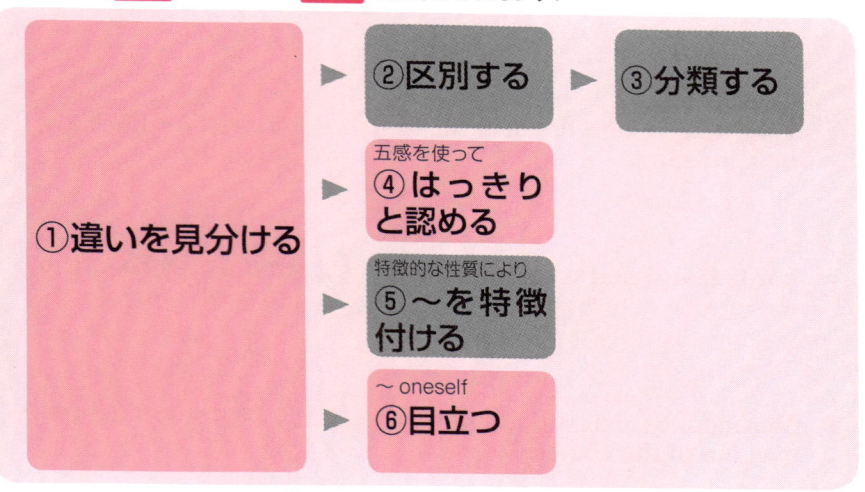

類 differentiate, separate, discriminate, characterize, discern

ポイント！　dis「別々に」、stingu（= stinct）「突き刺す」ことから、distingush は「物事の違いを見分ける」こと、混同しやすいものを見分けることが原義です。多くの場合、**distinguish A from B** のように使います。（口語では **tell A from B** という言い方もします）

　次の用例のように自動詞として用いられることもあります。
（例）**The boy cannot distinguish between fact and fiction.**
　　　その少年は現実と作り事の区別ができない。

　形容詞 **distinguishable** は「はっきりと聞こえる、見える、区別できる」。
　また、過去分詞から出来た形容詞 **distinguished** は、他と区別されるべき特徴を持ち合わせていることから「著名な、優れた」などとなり、さらに、**distinct** も **distinguish** の過去分詞形に由来しており、「（他と区別されて）明瞭な、明確な、目立つ」などの意味を持つ形容詞です。

Examples

① **They can hardly distinguish her from her twin sister.**

彼女と彼女の双子の姉を**見分ける**のほとんどできない。

② **It is difficult for children to distinguish fact from fiction.**

子供にとって現実と作り事の**区別をつける**ことは難しい。

③ **Distinguish these results into three categories.**

これらの結果を3つのカテゴリーに**分類**しなさい。

④ **Nothing could be distinguished in the dark.**

暗闇で何も**はっきりと認める**ことができなかった。

⑤ **His dialect distinguishes him.**

彼のなまりが彼を**特徴付ける**。

⑥ **He distinguished himself in the examination.**

彼は試験で抜群の成績を上げた（彼自身を**目立たせた**）。

UNIT-13　　CD ▶ 013

disturb [distə́ːrb] 動

一番左の 原義 から連想して 5つ の意味をとらえよう！

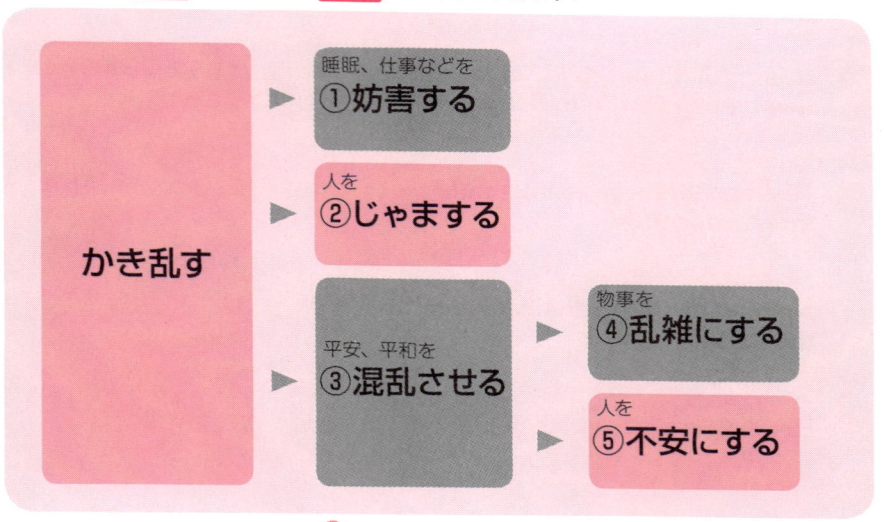

かき乱す
- ▶ 睡眠、仕事などを ①妨害する
- ▶ 人を ②じゃまする
- ▶ 平安、平和を ③混乱させる
  - ▶ 物事を ④乱雑にする
  - ▶ 人を ⑤不安にする

類 trouble, disarrange, confuse, interrupt, unsettle, worry

ポイント！ 　disturb は「かき乱す」ことです。
　turbine は機械の「タービン」のこと、turbulence は「大荒れ」、「乱気流」、「社会の混乱」のこと。まさにかき回すイメージです。そこから、「じゃまをすること」、「妨害すること」、「混乱させ」、「不安にさせる」までの意味をふくらませましょう。
　自動詞の disturb は「じゃまをする」
　（例）**Do not disturb.**（ドアなどに掲示する言い回し）入室ご遠慮願います。
　名詞 **disturbance** は「妨害、社会的騒動、心の動揺、不安」など。
　形容詞 **disturbing** は「心をかき乱す、騒々しい」など。また、**disturbed** は「精神障害のある、動揺した」など。

Examples

① **Don't disturb my sweet sleep.**

安眠を**妨害**しないで。

② **I hate to disturb you, but will you give me a hand?**

おじゃまをしたくないのですが、ちょっと手を貸していただけますか。

③ **They were arrested for disturbing the peace.**

彼らは治安を**乱した**ことで逮捕された。

④ **Don't disturb the papers in my drawer.**

私の引き出しの中の書類を**散らかさ**ないでください。

⑤ **The question disturbed me for an instant.**

その質問は一瞬私を**不安にさせた**。

UNIT-14 CD ▶ 014

employ [implɔ́i] 動

一番左の 原義 から連想して 5つ の意味をとらえよう！

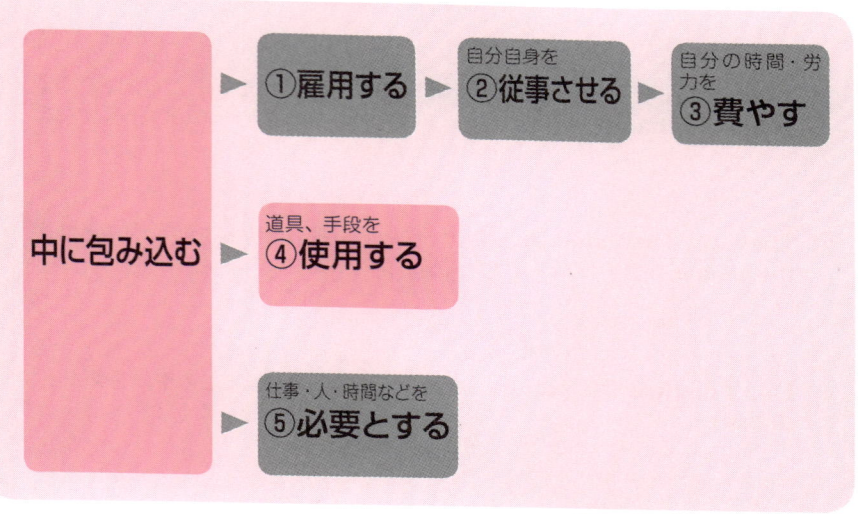

中に包み込む
- → ①雇用する → 自分自身を ②従事させる → 自分の時間・労力を ③費やす
- → 道具、手段を ④使用する
- → 仕事・人・時間などを ⑤必要とする

類 hire, occupy, engage, use

ポイント！ employ は「中に包み込む」ことなので、何かの仕事に人を雇い入れる意味となったり、**employ oneself...** の形で、自分をそのことだけに向かわせること、つまり、それに従事し、専念することとなり、物事を目的語にとると何かを取り入れること、使用、採用することとなります。

「雇う」という意味では、**employ** は公文書などで用いられる語であり、**hire** はくだけた言い方で一時的な雇用などに用いられます。

名詞 **employer** は「雇い主」、**employee** は「従業員、使用人」。また、**employment agency** は「職業安定所」。

Examples

① The shopkeeper employed him as a sales clerk.

店主は彼を店員として**雇った**。

② He employed himself on a research of migratory birds.

彼は渡り鳥の研究に**専念した**（自分自身を従事させた）。

③ She employed her spare time in reading.

彼女は余暇を読書に**費やした**。

④ They have just begun employing a new calculating method.

彼らは新しい計算方法を**用い**始めたばかりだ。

⑤ The work will employ 100 men.

その仕事には100人**必要**だろう。

UNIT-15　CD ▶ 015

encourage [inkə́ːridʒ] 動

一番左の 原義 から連想して 5つ の意味をとらえよう！

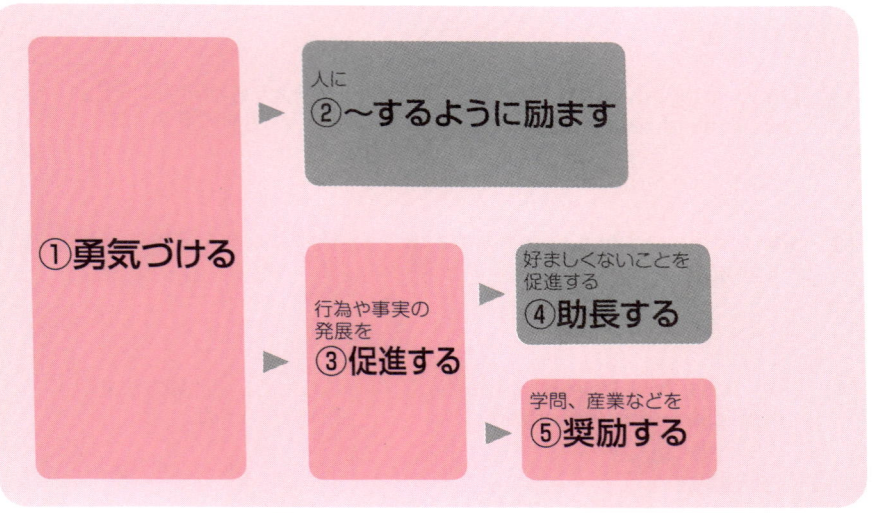

① 勇気づける

人に
② 〜するように励ます

行為や事実の発展を
③ 促進する

好ましくないことを促進する
④ 助長する

学問、産業などを
⑤ 奨励する

類 cheer, inspire, help, urge, prompt, incite, promote, advance
反 discourage, dissuade, deter

ポイント！ courage は「勇気」ですから、encourage は「勇気づける、励ましてやる気を起こさせる」で、discourage は「勇気をくじく、やる気をなくさせる」という反対語です。セットで覚えましょう。

多くは良いことを促進する意味で使われますが、例文④のように好ましくないことを助長してしまう意味でも用いられます。

形容詞 encouraging は「励みとなる、好意的な」など。

名詞 encouragement は「激励、奨励、促進、励みになるもの、刺激」など。

Examples

① He has always encouraged me in my work.

彼はいつも私の仕事を励まして(勇気づけて)くれる。

② She encouraged me to write novels.

彼女は私に小説を書くように励ましてくれた。

③ We must encourage better communication among people in the local community.

地域社会でコミュニケーションの向上を促進する必要がある。

④ Some computer games encourage violent behavior in young children.

コンピューターゲームは青少年の暴力行為を助長する。

⑤ The government should strongly encourage agriculture.

政府は農業を強力に奨励すべきである。

exchange

[ikstʃéindʒ] 動

一番左の 原義 から連想して **6つ** の意味をとらえよう！

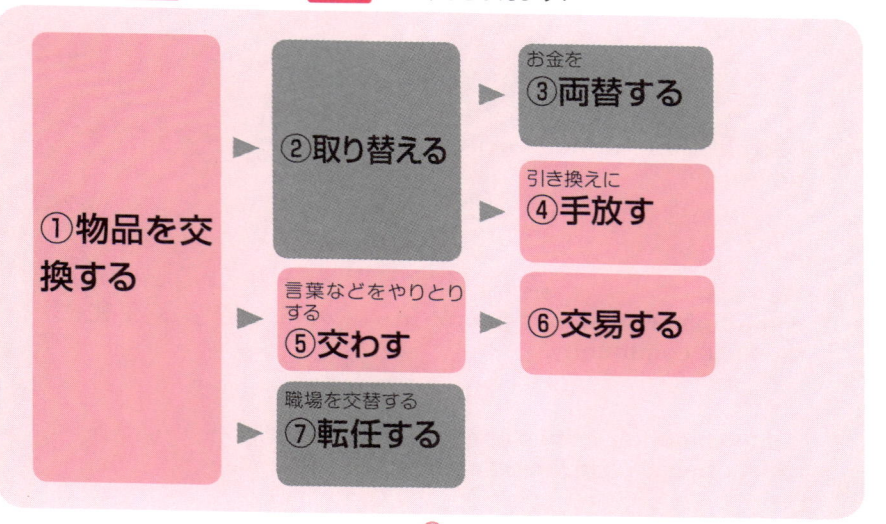

① 物品を交換する
→ ② 取り替える
　　→ お金を ③ 両替する
　　→ 引き換えに ④ 手放す
→ 言葉などをやりとりする ⑤ 交わす
　　→ ⑥ 交易する
→ 職場を交替する ⑦ 転任する

類 change, barter, interchange, trade, transfer

ポイント！ 「交換する」という意味では、change は同じ種類のものを交換する場合、exchange はさらに広く異種のものの交換にも用いられます。また、replace は壊れて使えなくなったものなどの交換、つまり「取って代わる」ことを意味します。

自動詞の exchange は「交換する、交換できる、両替される、転任する」などの意味で用いられます。

（例）He exchanged into another branch office. 彼は他の支店に転任した。
A dollar exchanges for about ¥100 these days.
近頃は1ドルはだいたい100円で両替されます。

名詞の exchange は「交換、取替え、両替、交易、交流、やりとり、応酬、口論」など。

Examples

① **It has become customary to exchange gifts at Christmas.**

クリスマスにプレゼントを**交換**することは習慣となった。

② **She exchanged her glasses for new ones.**

彼女は眼鏡を新しいものに**取り替えた**。

③ **I would like to exchange dollars into yen.**

ドルを円に**両替**したいのですが。

④ **He exchanged honor for immediate pleasures.**

彼は当面の快楽のために名誉を**手放した**。

⑤ **They exchanged greetings with a smile.**

彼らは皆にこやかに挨拶を**交わし**あった。

⑥ **Some merchants were exchanging goods with foreign countries.**

商人のうちには外国と**交易**していたものもいた。

⑦ **He is exchanging into another department this week.**

彼は今週、他の部署へ**転任する**。

exhaust [igzɔ́ːst] 動

一番左の 原義 から連想して **6つ** の意味をとらえよう！

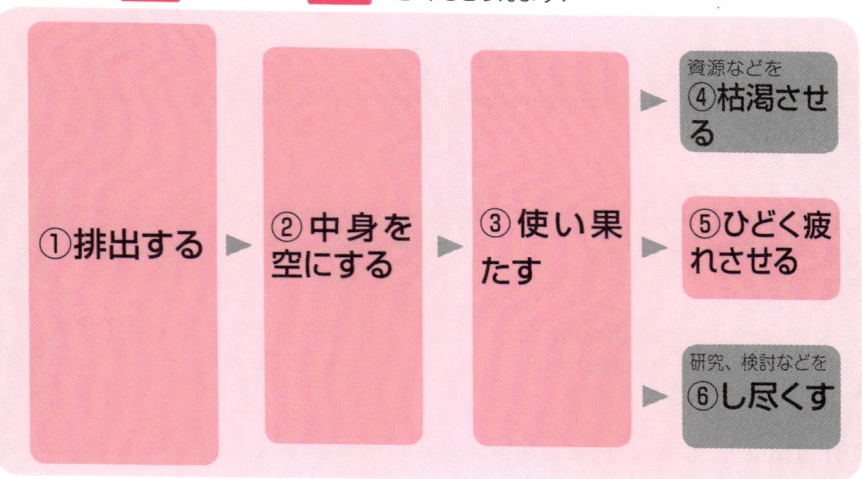

① 排出する ▶ ② 中身を空にする ▶ ③ 使い果たす ▶
- 資源などを ④ 枯渇させる
- ⑤ ひどく疲れさせる
- 研究、検討などを ⑥ し尽くす

類 drain, empty, deplete, consume, overtire, fatigue

ポイント！ exhaust は「水などをくみ出す」から「排出する、使い果たす、エネルギーを使い果たしてひどく疲れる」と、連想がスムーズに展開しますね。この「くみ出す、排出する」イメージをおさえておけば、次のような様々な名詞、形容詞の意味が面白いように「心」に入ってくるでしょう。

自動詞の exhaust は「排出する、放出する」。

名詞の exhaust は「排出、排気」。

(例) exhaust gas 排気ガス　　exhaust pipe エンジンの排気管

また、名詞 exhaustion は「使い尽くすこと、枯渇、極度の疲労、問題などの徹底究明」。

形容詞 exhausted は「使い尽くされた、疲れきった」、exhausting は「疲れさせる」、exhaustive は「徹底的な、完全な」など。exhaustible 「使い尽くせる、尽きることのある」、inexhaustible 「無尽蔵な」。

Examples

① It is necessary to exhaust a tank of water once a month.

月に一度水槽から水を排出する必要があります。

② Will you exhaust a pot of water.

ポットの水を出して、空にして下さい。

③ They have exhausted their funds.

彼らは資金を使い果してしまった。

④ We will exhaust petroleum resources sooner or later.

私たちは早晩石油資源を枯渇させてしまうだろう。

⑤ I'm exhausted from the marathon.

マラソンでくたくたに疲れた。

⑥ Unfortunately, we haven't yet exhausted the subject.

残念ながら、私たちはまだその問題を究明し尽くしてはいない。

UNIT-18　CD ▶ 018

fix

[fiks]　動

一番左の 原義 から連想して 12 の意味をとらえよう！

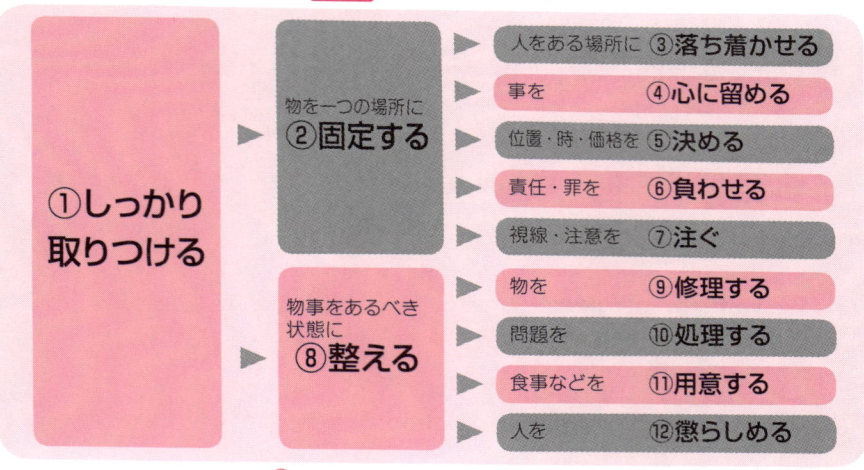

```
①しっかり
取りつける
  ├─▶ 物を一つの場所に ②固定する
  │     ├─▶ 人をある場所に　③落ち着かせる
  │     ├─▶ 事を　　　　　　④心に留める
  │     ├─▶ 位置・時・価格を ⑤決める
  │     ├─▶ 責任・罪を　　　⑥負わせる
  │     └─▶ 視線・注意を　　⑦注ぐ
  └─▶ 物事をあるべき状態に ⑧整える
        ├─▶ 物を　　　　　　⑨修理する
        ├─▶ 問題を　　　　　⑩処理する
        ├─▶ 食事などを　　　⑪用意する
        └─▶ 人を　　　　　　⑫懲らしめる
```

類 stabilize, settle, place, decide, adjust, repair, mend, prepare

ポイント！ 本来は物を何かにしっかり取り付ける意味ですが、日程を決めたり、心の中にあることをしっかり留めたり、価格を決定したりと、様々な状況で用いられます。共通しているのは [fiks] という歯切れの良い発音にも現れているように、「しっかり」あるいは「思い切り良く」固定するイメージです。

また、口語的には⑧〜⑫のように「整える」意味でも、料理、修理、そのほか何かの準備をしっかり整えるなど、実に幅広く用いられる、大変便利な言葉です。自動詞の **fix** は「(物が) 固定される、定着する、定住する、(視線、注意が) 留まる、予定する、用意する」など。

また名詞としては「苦境、(船舶、飛行機の) 位置、修理、買収、裏取引、八百長、(俗) 麻薬の注射」など。

Examples

① He **fixed** a post in the ground.

彼らは地面に柱を**しっかり建てた**。

② My brother **fixed** a shelf to the wall.

兄が壁に棚を**固定した**。

③ We **fixed** our residence in the suburbs.

私達は郊外に住居を**定めた**。

④ "**Fix** the fact in your mind."

「その事実をよく**覚えておきなさい**。」

⑤ The price was **fixed** at $400.

価格は 400 ドルに**設定された**。

⑥ They **fixed** the blame on me.

彼らは私に罪を**負わせた**。

⑦ All of them **fixed** their eyes on the scene.

彼らは皆、その光景に目を**注いだ**。

⑧ "Wait a minute. I want to **fix** my hair before taking a photo."

「ちょっと待って。写真をとる前に髪を**整えたい**の。」

⑨ "You have to **fix** a flat tire on your bike."

「自転車のパンクを**修理しなければ**いけないよ。」

⑩ "I'll **fix** the problem."

「私がその問題を**処理**しましょう。」

⑪ "**Fix** some drinks for them."

「何か飲み物を彼らに**用意**してあげて。」

⑫ Don't worry. I'll **fix** him.

心配するな。彼を**懲らしめて**やろう。

UNIT-19　　CD ▶ 019

grab

[græb]　動

一番左の 原義 から連想して 7つ の意味をとらえよう！

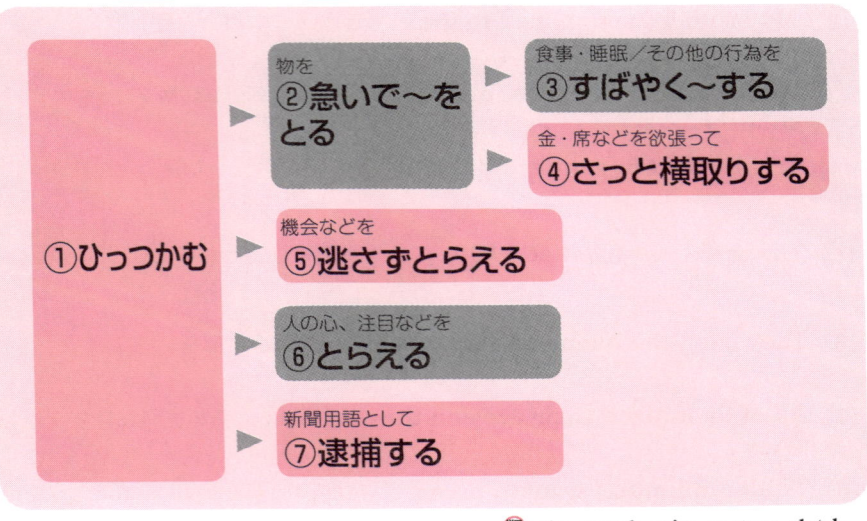

```
①ひっつかむ
  ├─ 物を
  │   ②急いで〜をとる
  │     ├─ 食事・睡眠／その他の行為を
  │     │   ③すばやく〜する
  │     └─ 金・席などを欲張って
  │         ④さっと横取りする
  ├─ 機会などを
  │   ⑤逃さずとらえる
  ├─ 人の心、注目などを
  │   ⑥とらえる
  └─ 新聞用語として
      ⑦逮捕する
```

類 take, snatch, seize, capture, clutch

ポイント！　「つかむ、捕らえる」という意味の一般的な語は **catch** ですが、**grab** は「すばやく乱暴につかむ」というのが基本の意味です。**capture** は犯人や捕虜を捕らえることを、**seize** は力を入れて突然つかむことを表します。また、**grasp** はしっかりつかまえたり握ったりして放さないことをいいます。

自動詞は「ひっつかむ、ひっつかもうとする」など。
　（例）**He grabbed at the railing not to fall.**
　　　　彼は倒れまいと手すりをあわててつかんだ。
名詞としては「ひっつかむこと、ひったくり、横取り、強奪（品）、横領（品）」。
名詞 **grabber** は「ひったくり、欲張り者」。また **grab bag** は「福袋、寄せ集め」、**grab bar** は「（壁などに取りつけた）つかまり棒」。

Examples

① **She grabbed me by the arm.**
彼女は私の腕を**ひっつかんだ**。

② **He grabbed a taxi.**
急いでタクシーを**捕まえた**。

③ **Let's grab a hamburger before we go.**
出かける前に**すばやく**ハンバーガーを食べよう。

④ **He might grab the money for himself.**
ひょっとして彼が金を**着服（さっと横取り）**したのかもしれない。

⑤ **She grabbed a chance to make her name.**
彼女は名をなす機会を**逃さなかった**。

⑥ **The violinist grabbed the audience.**
そのバイオリン奏者は聴衆を**魅了した（心をとらえた）**。

⑦ **A police officer on patrol grabbed a robber.**
パトロール中の警察官が強盗を**逮捕した**。

UNIT-20　　CD ▶ 020

handle [hǽndl] 動

一番左の 原義 から連想して 6つ の意味をとらえよう！

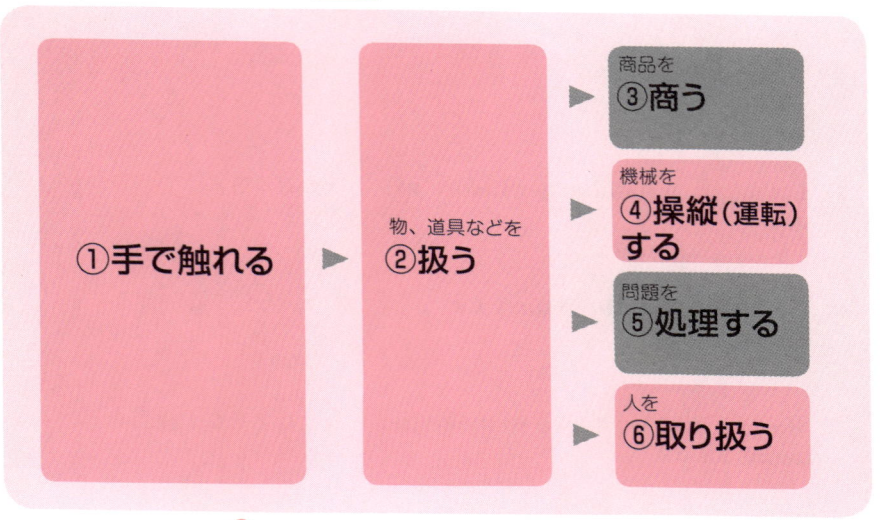

①手で触れる ▶ 物、道具などを ②扱う
- 商品を ▶ ③商う
- 機械を ▶ ④操縦（運転）する
- 問題を ▶ ⑤処理する
- 人を ▶ ⑥取り扱う

類 touch, use, manipulate, deal in, trade, control, operate, deal with

ポイント！　handle は「取っ手」を表す名詞から、動詞の「手で触れる」という動作が容易にイメージできますね。さらに、様々な問題を「処理する」ときにも使える便利な単語です。

次の例文のような自動詞「（乗り物が）操縦される、（道具などが）扱える」などの使い方も同時に覚えましょう。

（例）**This machine handles well.** この機械は扱いやすい。

名詞としては、「柄、取っ手、ハンドル（ただし、車のハンドルは **steering wheel**）」など。

Examples

① **Please do not handle the object in the exhibits.**

展示物に**手を触れ**ないでください。

② **Don't handle money carelessly.**

お金を粗末に**扱って**はならない。

③ **They handle food products.**

その店では食料品を**商って**いる。

④ **I wasn't sure if I could handle the machine.**

私はその機械を**運転できる**かわからなかった。

⑤ **I guarantee that he will be able to handle the problem.**

彼なら問題を**処理できる**と保証するよ。

⑥ **He's good at handling difficult customers.**

彼は気難しいお客の**対応（取り扱い）**がたいへん上手だ。

UNIT-21　CD ▶ 021

indicate

[índikèit]　動

一番左の **原義** から連想して **5つ** の意味をとらえよう！

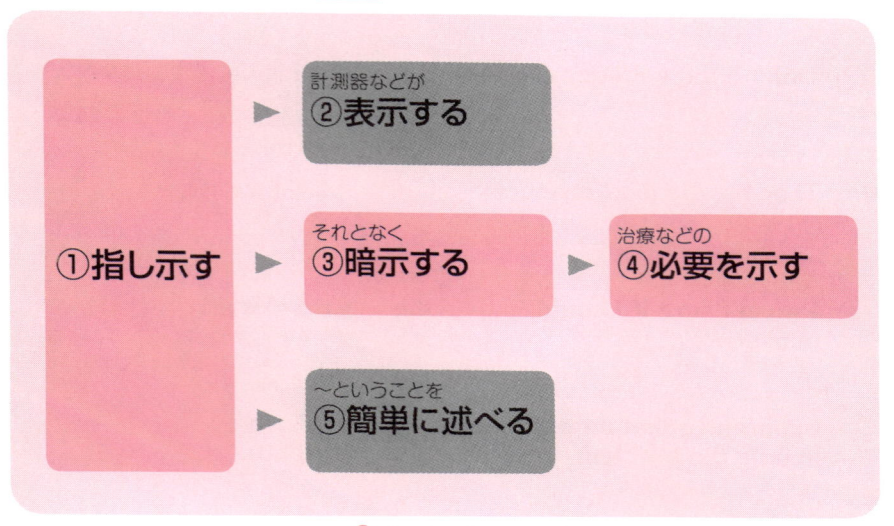

①指し示す

▶ 計測器などが
②表示する

▶ それとなく
③暗示する

▶ 治療などの
④必要を示す

▶ ～ということを
⑤簡単に述べる

類 signal, point out, exhibit, reveal, suggest, imply, hint

ポイント！　indicate は現象や態度について、ある事柄を示すことです。類義語の **suggest** は連想によって間接的に考えを伝えること、**hint** は遠まわしな言い方であることを暗示することをいいます。

　名詞 **indication** は「指示、表示、印、徴候」、**indicator** は「指示する人や物、計器、方向指示器、圧力計」など。(**indicate** と同じ語源の **index** は「目盛り、索引」、「索引をつける、指し示す」など)

Examples

① **The arrow in the map indicates the right way to go.**

地図中の矢印は正しい道を**示している**。

② **The speedometer indicated 80 kilometers per hour.**

速度計は時速 80 キロを**示していた**。

③ **He indicated a willingness to negotiate.**

彼は交渉する意欲のあることを**暗に示した**。

④ **An immediate operation is indicated.**

緊急手術の**必要性が示された**。

⑤ **She indicated her intention to us.**

彼女は彼女の意図するところを私たちに**簡単に述べた**。

UNIT-22　　CD ▶ 022

notice　　[nóutis]　動

一番左の 原義 から連想して 5つ の意味をとらえよう！

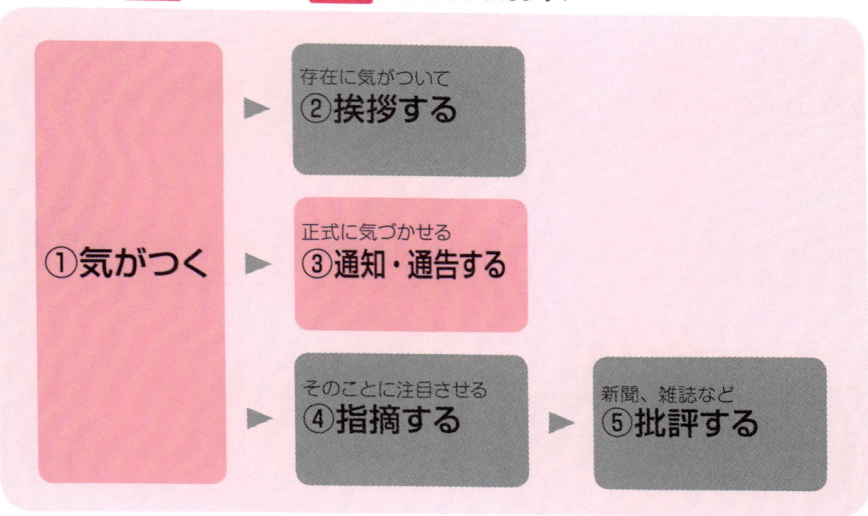

①気がつく

▶ 存在に気がついて
②挨拶する

▶ 正式に気づかせる
③通知・通告する

▶ そのことに注目させる
④指摘する

▶ 新聞、雑誌など
⑤批評する

類 see, observe, perceive, note, heed, detect, recognize, notify, review

ポイント！　notice は本来、視覚・聴覚などの五感により、あることにふと気づくこと。note は気づいたことを忘れないように留意すること。realize は事実として理解すること、悟ること。また、perceive は、五感によって知覚することをいいます。

　自動詞の notice は「気づく、注目する」など。

　名詞としては「注意、注目、通知（書）、通告（状）、予告、掲示（板）、公告、貼り紙、ビラ、プラカード、批評、書評」など。

　形容詞 noticeable は「目立つ、注目に値する」など。

Examples

① **Did you notice a hole in the wall?**

壁の穴に**気づいた**？

I noticed someone entering the room.

私は誰かが部屋に入っていくのに**気がついた**。

② **They noticed us merely with a wave.**

彼らは少し手を振る**挨拶をした**だけだった。

③ **The manager noticed him to finish the work by next week.**

部長は彼にその仕事を来週までに終えるよう**通告した**。

④ **He began talking by noticing her present situation.**

彼は彼女の現状を**指摘して**話し始めた。

⑤ **The play was favorably noticed in magazines.**

その劇は雑誌で好**評**を博した。

occupy [ákjupài] 動

一番左の 原義 から連想して **7つ** の意味をとらえよう！

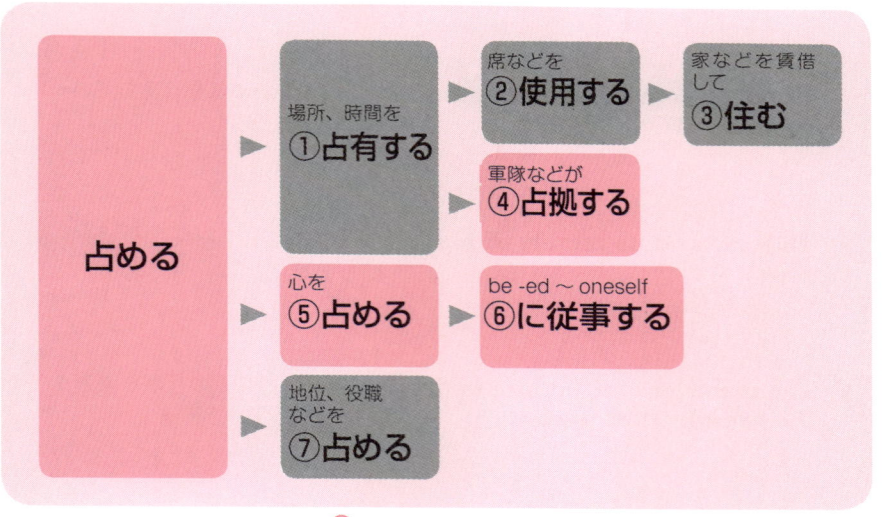

```
                      席などを          家などを賃借
                      ②使用する  ▶   して
                   ▶                    ③住む
           場所、時間を
           ①占有する
                      軍隊などが
                   ▶  ④占拠する
 占める
           心を          be -ed ~ oneself
        ▶  ⑤占める  ▶  ⑥に従事する

           地位、役職
           などを
        ▶  ⑦占める
```

類 hold, keep, fill, take, inhabit, engage, employ, engross

ポイント！ occupy は oc（=ob）「強意」、cupy（=take）「取る」からなり、中をすっかりとってしまうこと、満たすこと、占めることをいいます。
　容器、場所、時間、そして人の心、地位や役職などを目的語にとります。
　名詞 occupation は「占有、保有、占拠、職業、定職、活動」など。
occupancy は「占有、居住、占有期間、収容能力」など。
occupant は「土地の占有者、居住者」（=occupier）。

Examples

① **Our office occupies the second and third floor of this building.**

わが社はこのビルの2階3階を**占めている**。

The ceremony occupied two hours.

式は2時間**かかった（占有した）**。

② **"Occupied"**

「**使用中**」（洗面所、浴室などの掲示）

③ **The house is not occupied now.**

その家は今**空き家**になっている（**住**まれていない）。

④ **The enemy occupied our land overnight.**

敵は一晩のうちに我々の土地を**占拠した**。

⑤ **Her mind was occupied with family troubles.**

彼女の心は家庭の心配事で**いっぱいだった（心を占められていた）**。

⑥ **She occupied herself with studying for exams.**

彼女は受験勉強に**没頭（従事）した**。

⑦ **He occupies an important position in the company.**

彼は会社で重要な地位を**占めている**。

preserve [prizə́:rv] 動

一番左の 原義 から連想して 6つ の意味をとらえよう！

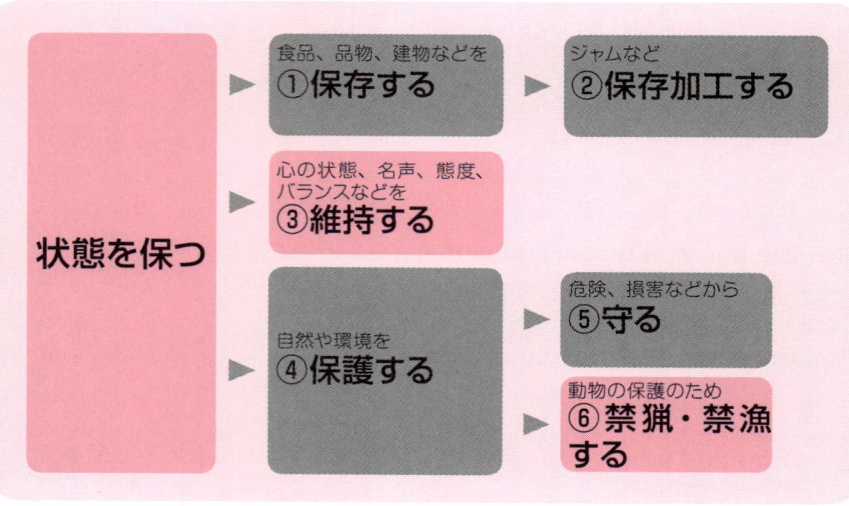

```
                    ┌─ 食品、品物、建物などを ──→ ジャムなど
                    │   ①保存する              ②保存加工する
                    │
                    ├─ 心の状態、名声、態度、
   状態を保つ  ───→ │   バランスなどを
                    │   ③維持する
                    │                          ┌─ 危険、損害などから
                    │                          │   ⑤守る
                    └─ 自然や環境を ───────────┤
                        ④保護する              └─ 動物の保護のため
                                                   ⑥禁猟・禁漁する
```

類 keep, maintain, save, guard, conserve, sustain, retain, rescue, defend

ポイント！　preserve は本来、質、状態の劣化、荒廃から前もって (pre)「守り」、その状態を保ち続ける (= serve = keep) ことです。食べ物、生物、歴史、文化、環境だけでなく、実に幅広く使われます。

　自動詞 preserve は「保存がきく、保存されている、保存食品にする、禁猟区にする」など。

（例）**These salted fish preserve well.**
　　　このような塩魚は保存がききます。

　名詞 preserve は「保存されるもの、ジャム・瓶詰め・缶詰などの保存食品、禁猟区、保護区、養魚池」。preservation は「維持、保存、貯蔵」など。

　形容詞 preservative は「保存力のある、防腐剤の」、さらに名詞として「防腐剤」。

Examples

① **You should preserve perishables in a refrigerator, especially in this humid season.**

特にこの蒸し暑い季節は、生ものを冷蔵庫に**保存する**べきです。

② **My mother used to preserve figs with sugar.**

私の母はよくイチジクを**砂糖漬け**にしていたものだった。

③ **Whatever happens, preserve your calmness.**

何事が起きても、冷静さを**保ちなさい**。

At that time, he barely preserved a delicate balance.

そのとき彼はかろうじて微妙なバランスを**維持していた**。

④ **The group is working vigorously to preserve the environment.**

その団体は環境を**保護する**ため精力的に働いている。

⑤ **Preserving endangered species from extinction is one important part of the agenda of this conference.**

絶滅危惧種を絶滅から**守る**ことは、今回の会議の重要な議題の1つです。

⑥ **The fishing here was preserved.**

ここでの魚釣りは**禁止され**た。

raise [reiz] 動

一番左の 原義 から連想して 17 の意味をとらえよう！

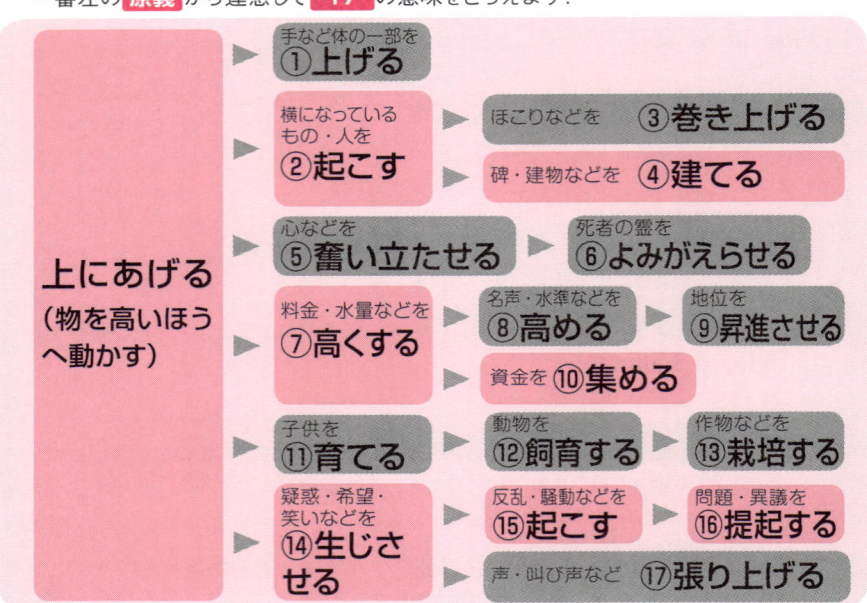

上にあげる
（物を高いほうへ動かす）

- 手など体の一部を ① 上げる
- 横になっているもの・人を ② 起こす
  - ほこりなどを ③ 巻き上げる
  - 碑・建物などを ④ 建てる
- 心などを ⑤ 奮い立たせる
  - 死者の霊を ⑥ よみがえらせる
- 料金・水量などを ⑦ 高くする
  - 名声・水準などを ⑧ 高める
    - 地位を ⑨ 昇進させる
  - 資金を ⑩ 集める
- 子供を ⑪ 育てる
  - 動物を ⑫ 飼育する
  - 作物などを ⑬ 栽培する
- 疑惑・希望・笑いなどを ⑭ 生じさせる
  - 反乱・騒動などを ⑮ 起こす
    - 問題・異議を ⑯ 提起する
  - 声・叫び声など ⑰ 張り上げる

類 lift, elevate, erect, build, arouse, rouse, stir up, increase, exalt, breed, cultivate

ポイント！ raise は実際に物を「上げる、起こす、高める」ことから、人を「昇進させる」、レベルなどを「向上させる」、声や笑いだけでなく疑惑、希望などの様々な感情を「生じさせる」ことや、子供、動物を「育てる」「飼育する」こと、問題を「提起する」ことなど、実に広く使われる日常単語のよい例です。

raise の自動詞は rise であることに注意しましょう。

また「持ち上げる」の意味では、ほかに **lift** がありますが、こちらは「持ち上げる」ときの重さを感じさせる単語です。

Examples

① Bob was the first to raise his hand.
ボブが最初に手を**上げた**。

② The man raised a fallen boy to his feet.
その男性は転んだ男の子を**起こして**、足で立ち上がらせた。

③ Suddenly a gust of wind raised a cloud of dust.
突然、一陣の風が砂ぼこりを**巻き上げた**。

④ They raised a statue to praise him for his courage.
彼の勇気を称える銅像を**建てた**。

⑤ The boy raised his courage and ran away from the giant's castle.
男の子は勇気を**奮い立たせ**、巨人の城から逃げ出した。

⑥ In the novel, he was raised from the dead.
小説の中では、彼は死から**よみがえった**。

⑦ Many people were against raising the consumption tax.
多くの人々が消費税を**高くする**ことに反対だった。

⑧ The economist raised his reputation with his new theory.
その経済学者は彼の新しい学説で評判を**高めた**。

⑨ He was raised to manager.
彼は支配人に**昇進した**。

⑩ They hope to raise more donations this year than last year.
彼らは今年は去年以上寄付を**集める**ことを願っている。

⑪ In the past, people used to raise large families.
かつてはたくさんの子供を**育てた**ものだった。

⑫ People raised livestock for labor or food.
人々は、働かせたり食料にするため、家畜を**飼育した**。

⑬ That year was the worst for farmers who raise wheat.
小麦**栽培**農家にとってその年は最悪だった。

⑭ The boy raised laughter with his performance.
その男の子は演技で笑いを**誘った（生じさせた）**。

⑮ People raised a revolt against the king.
人々は王様に対し反乱を**起こした**。

⑯ The incident raised the question of regional differences.
その出来事は地域間格差の問題を**提起した**。

⑰ Don't raise your voice here.
ここで大きな声を**張り上げて**はいけません。

UNIT-26　CD ▶ 026

recognize [rékəgnàiz] 動

一番左の **原義** から連想して **5つ** の意味をとらえよう！

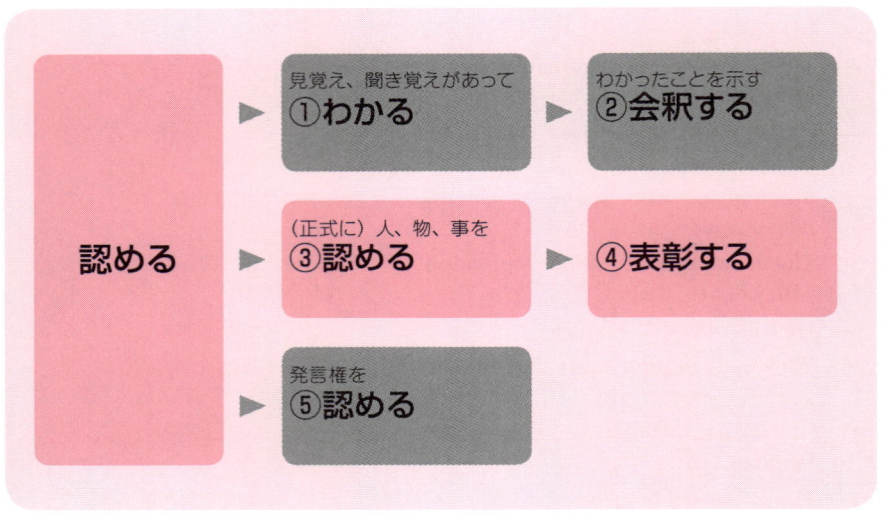

認める

▶ 見覚え、聞き覚えがあって
①わかる

▶ わかったことを示す
②会釈する

▶ (正式に) 人、物、事を
③認める

▶ ④表彰する

▶ 発言権を
⑤認める

類 acknowledge, remember, perceive, realize, salute, greet, concede, appreciate

ポイント！　recognize の re は「再び」、cognize は「認識する」ことですから、再び見て思い出すこと、見覚えがあること、認めることです。
形容詞 recognizable は「見分けがつく、承認できる」、recognized は「社会 (世間) に認められた」など。
　名詞 recognition は「見分けがつくこと、見覚え、聞き覚え、認めること、認知、目礼、会釈、表彰、発言の許可」など。
　また cognition「認識、認知」、cognizant「認識して (= aware)」、cognitive「認識に関する」なども関連語として覚えたいですね。

Examples

① **I could scarcely recognize my old colleague.**

昔の同僚を見てもほとんど**わからなかった**。

② **She always recognizes me on the street.**

通りで私に会うと彼女はいつも**会釈する**。

③ **Japan does not recognize dual citizenship.**

日本は二重国籍を**認めていない**。

④ **They recognized his long service in the firm.**

会社は彼の永年勤続を**表彰した**。

⑤ **You have not been recognized.**

あなたは発言を**認められていない**。

reduce [rid(j)ú:s] 動

一番左の 原義 から連想しての 7つ 意味をとらえよう！

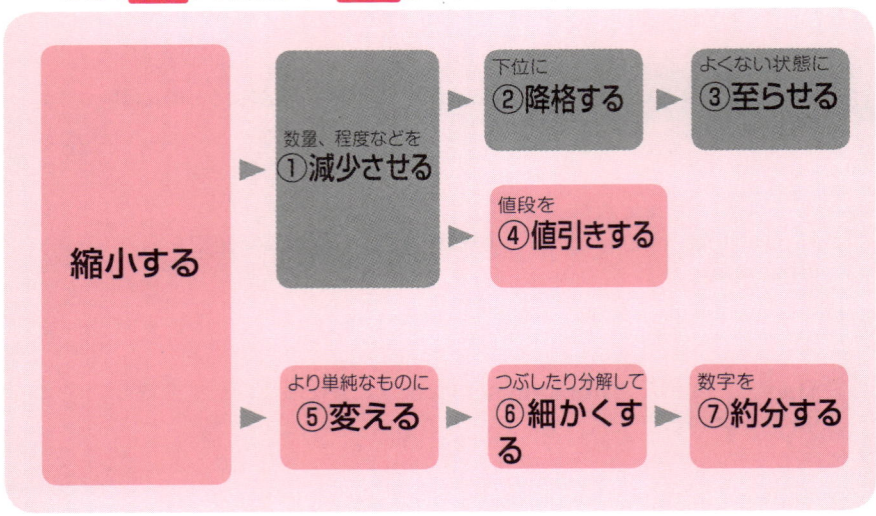

```
縮小する
 ├→ 数量、程度などを
 │  ①減少させる
 │    ├→ 下位に ②降格する ├→ よくない状態に ③至らせる
 │    └→ 値段を ④値引きする
 └→ より単純なものに ⑤変える → つぶしたり分解して ⑥細かくする → 数字を ⑦約分する
```

類 diminish, lessen, curtail, lower, demote

ポイント！ re「再び」、つまり後方へもどすように、duce「導く」ことから、小さなものに縮小したり、減らしたり、価値を低めたりすることです。
　自動詞 reduce は、「減る、衰える、〜になる、体重が減る」など。
　（例）**His weight reduced to 65 kilograms.**
　　　　彼は体重を 65 キロ減らした。
　形容詞 reducible は「縮小できる、変形可能な」など。
　名詞 reduction は「縮小、削減、割引、降格、変形、約分」など。

Examples

① He'd better reduce his weight.

彼は体重を**減らす**といいね。

② He was reduced to a mere clerk.

彼は平社員に**降格させられた**。

③ The man was so reduced to poverty that I could not recognize him.

その男性はたいそう**落ちぶれた**ので、私は彼と気づくことができなかった。

④ The company decided to reduce the price.

その会社は**値段を下げる**ことに決定した。

⑤ They are reduced to three categories.

それらは3つのカテゴリーに**分類（単純化）**される。

⑥ The old building could be reduced to rubble if a big earthquake occurs.

もしも大地震が起きたら、その古い建物は瓦礫に**帰する（細かくされる）**かもしれない。

They succeeded in reducing the compound to its elements.

彼らはその化合物を要素に**分解する**ことに成功した。

⑦ They learned how to reduce a fraction.

彼らは分数の**約し方**を学んだ。

reflect [riflékt] 動

一番左の 原義 から連想して 6つ の意味をとらえよう！

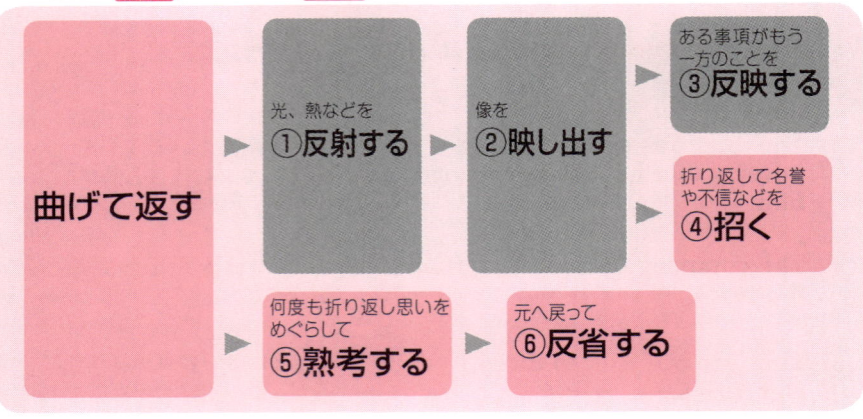

曲げて返す

→ 光、熱などを ①**反射する** → 像を ②**映し出す** → ある事項がもう一方のことを ③**反映する**

→ 折り返して名誉や不信などを ④**招く**

→ 何度も折り返し思いをめぐらして ⑤**熟考する** → 元へ戻って ⑥**反省する**

類 throw back, cast back, mirror, echo, mediate, ponder, muse, ruminate

ポイント! re「後へ」、flect「曲げる」ことですから、折り曲げて返すこと、はね返すこと、反射することです。水面や鏡によって像が反射して映し出されること、また、一方の事柄が他方の事柄を映し出すように反映していること、さらに胸中で考えを行きつ戻りつ折り返しながら熟考すること。

自動詞としても「反射する、反映する、映し出される、よく（悪く）見える、そしる、影響する、よく考える」などの他動詞同様の意味があります。

（例）**She reflected on the result.**
　　　彼女はその結果についてよく考えた。

名詞 **reflection** は「反射、反映、反射熱（光）、映像、熟考、反省、非難、不名誉」など。

形容詞 **reflective** は「反射的な、反映している、思慮深い」など。

また、**flect** の関連語として、**flexible** は「曲げることができる、しなやかな、柔軟な」もおさえておくとよいでしょう。

Examples

① **Water reflects light.** 　　　　　水は光を**反射する**。

② **The mirror reflected her thin face.** 　　　　　鏡が彼女のやつれた顔を**映し出した**。

③ **The price reflects the demand.** 　　　　　価格は需要を**反映する**。

④ **The victory reflected honor on their school.** 　　　　　勝利が彼らの学校に栄誉を**招いた（もたらした）**。

⑤ **You must reflect on what to say before you speak.** 　　　　　口を開く前に言うべきことを**熟考しなければなりません**。

⑥ **He reflected that he had been too lazy.** 　　　　　彼はあまりに怠惰であったと**反省した**。

release [rilíːs] 動

一番左の 原義 から連想して 8つ の意味をとらえよう！

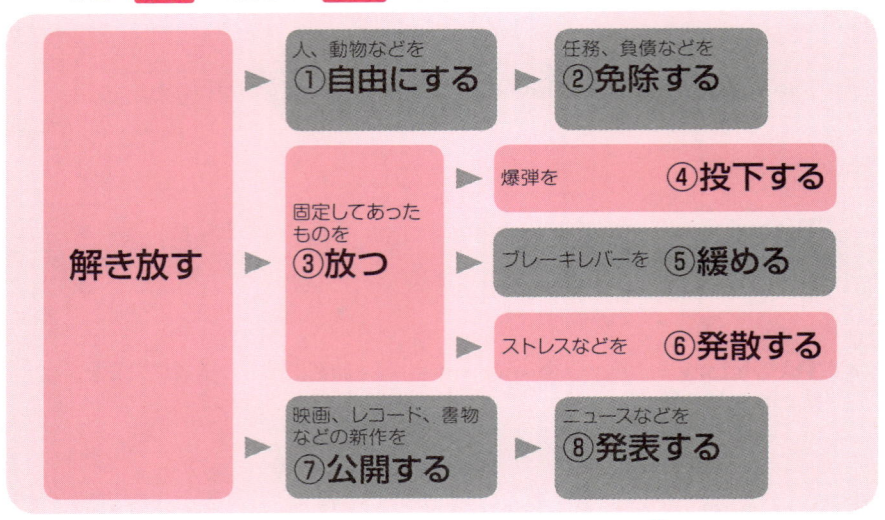

解き放す

- 人、動物などを ① **自由にする** → 任務、負債などを ② **免除する**
- 固定してあったものを ③ **放つ**
  - 爆弾を ④ **投下する**
  - ブレーキレバーを ⑤ **緩める**
  - ストレスなどを ⑥ **発散する**
- 映画、レコード、書物などの新作を ⑦ **公開する** → ニュースなどを ⑧ **発表する**

類 free, liberate, let go

ポイント! release の由来は relax「緩める」、ですから release は緩めて解き放すこと、束縛などから「解放す」ことです。

名詞としては「解放、釈放、救出、免除、放出、投下、（制約などの）解除（装置）、（映画などの）一般公開、公表、発売、（権利の）放棄」など。

Examples

① **The criminal group is requiring that the prisoners be released.**
犯行グループはそれら囚人たちを**自由にする（釈放する）**よう要求している。

② **He released the person from a debt.**
彼はその人物の借金を**免除**してやった。

③ **He released an arrow from his bow.**
彼は弓から矢を**放った**。

④ **They released several bombs from the airplane.**
飛行機から爆弾数個が**投下された**。

⑤ **Today, we are going to learn how to apply and release the brakes.**
今日はブレーキの掛け方、**解き方**を学びます。

⑥ **It is important to release stress for a healthy life.**
健康的に暮らすにはストレスを**発散させる**ことが大切です。

⑦ **The violinist has just released her new record.**
そのバイオリン奏者は新しいレコードを**公開した（発売した）**ばかりだ。

⑧ **A joint statement is scheduled to be released tomorrow.**
共同声明が明日**発表される**予定だ。

resolve [rizálv] 動

一番左の 原義 から連想して 5つ の意味をとらえよう！

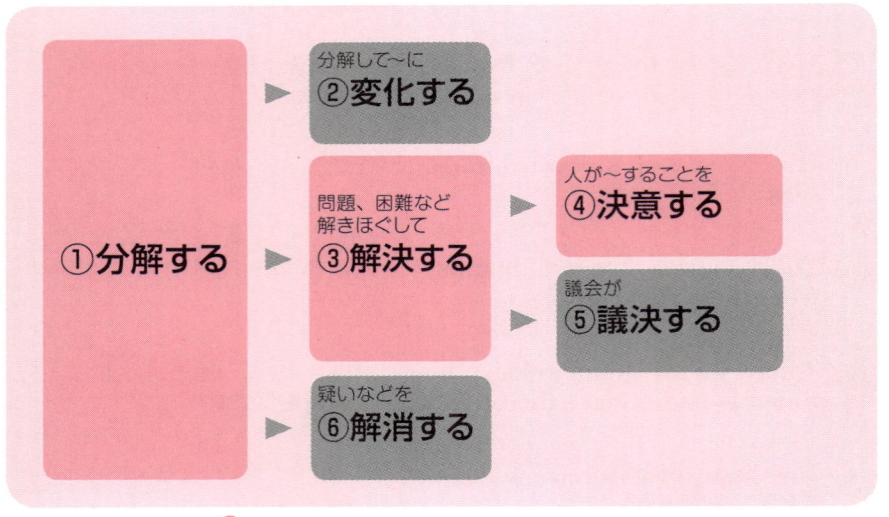

① 分解する

分解して〜に
② 変化する

問題、困難など解きほぐして
③ 解決する

人が〜することを
④ 決意する

議会が
⑤ 議決する

疑いなどを
⑥ 解消する

類 decompose, break up, separate, solve, determine, decide, clear up

ポイント！ re「くり返し」しっかりと solve「解く」こと、つまり混在しているものを分解してすっきりさせること、考えをはっきりさせること、決意すること、決議すること。

形容詞 resolvable は「溶解性の、解決可能な」、resolved は「決心した、断固たる、不屈の」など。

名詞 resolution「分解、解決、決意、決議（案）、議決、（炎症などの）消散」、形容詞 resolute「決意した、断固とした」も関連語として覚えたいですね。

Examples

① **Water is resolved into oxygen and hydrogen.**

水は酸素と水素に**分解**される。

② **The rain resolved itself into a drizzling mist.**

雨は霧雨に**変わった**。

③ **We need to resolve that problem as soon as possible.**

できる限り早くその問題を**解決する**必要がある。

④ **I resolved that I would go to college.**

私は大学へ行こうと**決意した**。

⑤ **The Diet resolved to approve the bill.**

国会はその法案の承認を**議決した**。

⑥ **She could not resolve her doubts of his honesty.**

彼女は彼の誠実さについて、疑いを**解消できなかった**。

UNIT-31　　CD ▶ 031

retire　　[ritáiər]　動

一番左の 原義 から連想して 6つ の意味をとらえよう！

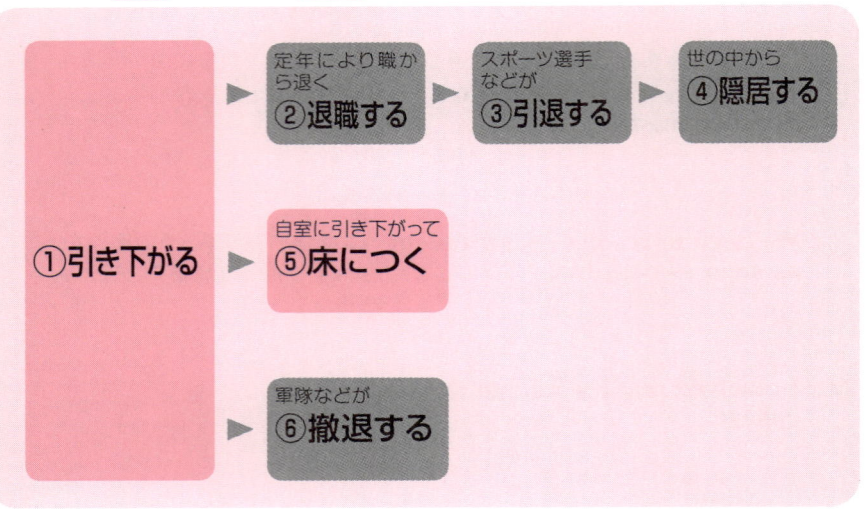

① 引き下がる

→ 定年により職から退く ② 退職する
→ スポーツ選手などが ③ 引退する
→ 世の中から ④ 隠居する

→ 自室に引き下がって ⑤ 床につく

→ 軍隊などが ⑥ 撤退する

類 withdraw, retreat, resign, leave, go to bed

ポイント！　retire は後ろへ引き下がること、競争などから退くことは日本語の中でもよく使われますが、自室へ引き下がることから、仕事や社会的な立場から引き下がること、軍隊が撤退することなどまで、引き下がる意味で広く使われます。なお、retire は定年による退職ですが、resign は事情により、職を辞することをいいます。

形容詞 retired は「退職した、引退した、隠退した、片田舎の」など。
retiring は「退職の、引退の、遠慮がちの」など。
名詞 retiree は「退職者、引退者」など。retirement は「退職、隠退、定年、退却、片田舎」など。

Examples

① **He retired from the front line of research activity.**

彼は研究活動の第一線から引き下がった。

He retired from the race because of an acute stomachache.

彼は激しい腹痛のためレースから引き下がった(リタイアした)。

② **He retired from his business.**

彼は仕事から定年退職した。

③ **It is rumored that he will retire from professional skiing.**

彼はプロスキーヤーを引退するだろうと噂されている。

④ **I want to retire to the country some day, actually, retire from the world.**

私はいつか田舎に引っ込みたい、つまり、隠居したいと思っている。

⑤ **I am exhausted today, so I want to retire early tonight.**

今日は疲れきっているので、今夜は早く床につきたい。

⑥ **The enemy retired from the field.**

敵は戦場から撤退した。

UNIT-32　CD ▶ 032

transfer [trænsfə́ːr] 動

一番左の 原義 から連想して 6つ の意味をとらえよう！

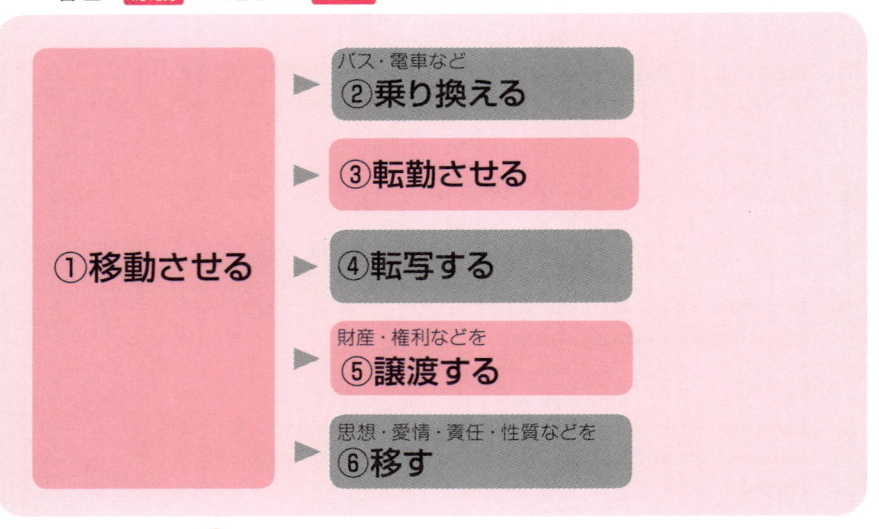

①移動させる
- バス・電車など　②乗り換える
- ③転勤させる
- ④転写する
- 財産・権利などを　⑤譲渡する
- 思想・愛情・責任・性質などを　⑥移す

類 convey, change, assign, transmit, hand down, pass (on), pass down

ポイント！　trans（= across）「横切って」、fer「運ぶ」ことから、むこうへ運ぶ、移動させることをいいます。

　transfer は、ある所からある所へと移すことをいい、動くことそのものをいう move とは異なります。

　名詞 transfer [trǽnsfəːr]（アクセントが第1シラブルに移ることに注意）は「移動、移転、転勤、転校、乗り換え、転写、為替、振り替え、名義書替え」など。

Examples

① **The patient was transferred to another hospital.**

その患者は別の病院に**移動させられた**。

② **You must transfer to the Chuo line at Shinjuku.**

新宿で中央線に**乗り換え**なければなりません。

③ **He has been transferred to another branch.**

彼は別の支店に**転勤になった**。

④ **They transferred a graph in the book to their notebooks.**

彼らは本のグラフをノートに**転写した（書き写した）**。

⑤ **She transferred her property to her son.**

彼女は息子に財産を**譲渡した**。

⑥ **He transferred his love to another girl.**

彼は別の女の子に愛情を**移した**（別の女の子が好きになった）。

The politician was criticized for transferring his responsibility to his secretary.

その政治家は自分の責任を秘書に**移した（転嫁した）**ことで批判された。

UNIT-33　　CD ▶ 033

withdraw [wiðdrɔ́ː] 動

一番左の 原義 から連想して **6つ** の意味をとらえよう！

引き下げる
- ①引っ込める → 人・軍隊を ②撤退させる
- 命令・申し出・訴訟などを ③撤回する → 特権などを ④与えるのを思いとどまる
- 通貨・物品を ⑤回収する → 預金を ⑥引き出す

類 remove, retire, retreat, recall

ポイント！　draw は引くことそのものですが、withdraw はあるところから引き下げる、または引き下がることを意味します。

　自動詞 withdraw も他動詞と同様な意味で用いられますが、状況に応じた前置詞 to, from, into などが必要なのは言うまでもないことです。
（例）**After the event he withdrew into his own world.**
　　その出来事のあと、彼は自分の世界に引きこもってしまった。
　名詞 **withdrawal** は「引っ込めること、引っ込むこと、退出、引退、引きこもり、取り消し、撤回、撤退、（預金の）引き出し」など。

Examples

① **She quickly withdrew her hand from the frying pan.**

彼女はフライパンから素早く手を引っ込めた。

② **He intends to withdraw himself from the political world.**

彼は政界から撤退する（身を引く）つもりだ。

The general decided to withdraw soldiers before winter came.

将軍は、冬が来る前に、兵を撤退させることに決定した。

③ **He had to withdraw his remarks, pressured by public opinion.**

彼は世論の圧力により前言を撤回せざるを得なかった。

④ **The permission to enter the school was withdrawn from them.**

彼らは入学許可を撤回された。

⑤ **The magazine was ordered to withdraw from circulation.**

その雑誌は回収命令を出された。

⑥ **Somebody has withdrawn 100,000 yen from his bank account.**

誰かが彼の銀行口座から10万円を引き出していた。

UNIT-34　　CD ▶ 034

claim

[kleim]　　動

一番左の 原義 から連想して 5つ の意味をとらえよう！

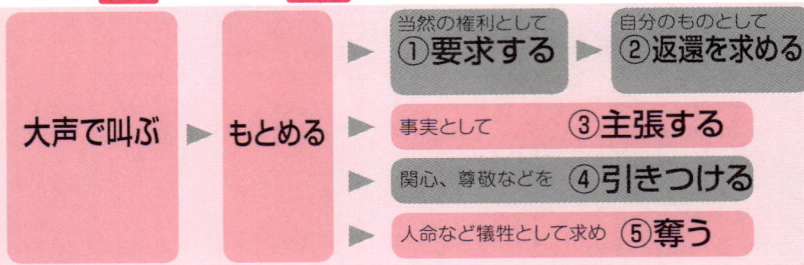

```
大声で叫ぶ → もとめる → 当然の権利として ①要求する → 自分のものとして ②返還を求める
                      → 事実として ③主張する
                      → 関心、尊敬などを ④引きつける
                      → 人命など犠牲として求め ⑤奪う
```

類 ask, demand, require, contend, assert, allege

Examples

① In that case, you can claim the damage.
そのような場合は、損害賠償を**要求する**ことができます。

② Does anyone claim this cap?
この帽子をなくした(**返還を求める**)方はいませんか。

③ The accused claimed it to be false.
被告人はそれがうそであると**主張**した。

④ This incident claimed people's attention.
この出来事は人々の関心を**ひいた**。

⑤ The accident claimed 20 lives.
その事故は20人の命を**奪った**。

ポイント！

claim は本来の大声で叫ぶということから、強く求める、主張するという意味が生まれています。同じ語源には clamor「騒々しい音、喧騒、うなり声、抗議の声」、exclaim「叫ぶ、強い語気で言う」、proclaim「公式に宣言する」などがありますね。

自動詞 claim は「権利を主張する、損害賠償を要求する」など。

名詞としては、「要求、請求、権利、主張、保険金の支払要求」など。

なお、日本語で「クレームをつける」という場合の、苦情を表す「クレーム」は、英語では claim ではなく、complaint を使い make a complaint と言うことに注意しましょう。

UNIT-35　CD ▶ 034

entertain [èntərtéin] 動

一番左の 原義 から連想して 4つ の意味をとらえよう！

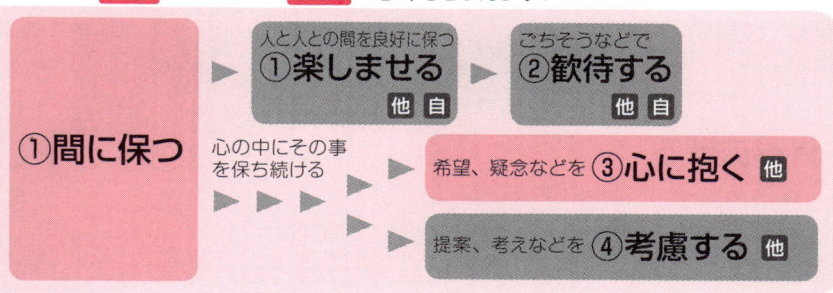

① 間に保つ
- 人と人との間を良好に保つ → ① **楽しませる** 他 自 → ごちそうなどで ② **歓待する** 他 自
- 心の中にその事を持ち続ける → 希望、疑念などを ③ **心に抱く** 他
- ▶▶▶▶ → 提案、考えなどを ④ **考慮する** 他

類 amuse, welcome, harbor, cherish, dwell upon, consider

Examples

① The show entertained me. — そのショーは私を**楽しませて**くれた。
② He entertained some friends at lunch. — 彼は昼食に友達を招いて**歓待した**。
③ I entertain a suspicion about what she said. — 彼女の言ったことに疑い**を抱いている**。
④ This proposal is worth entertaining. — この提案は**考慮する**価値がある。

ポイント！ entertain は enter (＝inter ＝among)「あいだ」で tain (＝hold)「保つ」こと。本来の「維持する、保持する (＝maintain) という意味から③、④の使い方があり、人と人の関係を良好に保つということから、「客をもてなす」の意味で用いられます。

形容詞 entertaining は「楽しませる、おもしろい、愉快な」、名詞 entertainer は「楽しませる、芸人」、entertainment は「娯楽、演芸、余興、もてなし、宴会」など。

expand [ikspǽnd] 動

一番左の 原義 から連想して 4つ の意味をとらえよう！

外へ広げる
- 範囲、大きさを ① 拡大する ▶ 容積などを ② 膨張させる
- 話題、議論を ③ 発展させる

Examples

類 spread, stretch, extend, enlarge

① Their priority was to expand their territory.
彼らの優先事項は領土を拡大することだった。

② Heat expanded the gas.
熱はその気体を膨張させた。

③ She expanded her child-rearing experience into a heartwarming story.
彼女は自分の育児経験を発展させて心あたたまる物語を書いた。

ポイント！ expand は ex「外に」、pand「広がる」ことです。気体などの物質が、町が、体が、思考が、その他何でも外に向かってどんどん広がったイメージでとらえましょう。

自動詞 expand は「広がる、拡大する、膨らむ、発展する、和む、(顔が)ほころぶ、詳細に話す(書く)」など。

(例) **She expanded on that point.**　彼女はその点について詳しく話した。

名詞の **expanse** は「(空、海などの果てしない) 広がり」、**expansion** は「拡大、拡張、膨張、広がり、発展」など。

形容詞 **expansive** は「膨張性の、発展的な、拡張的な、広範囲の、包括的な、壮大な、広々とした、ゆったりした」など。

UNIT-37　CD ▶ 035

infect

[infékt]　動

Basic　UNIT-36,37

一番左の 原義 から連想して 4つ の意味をとらえよう！

① 病気を感染させる
▶ 病毒や有害物で水や空気などを ② 汚染する
▶ 人に ③ 影響を与える
▶ 思想に ④ 染まらせる

Examples

類 plague, contaminate, taint, poison

① Be careful not to be infected with the flu.
インフルエンザに感染しないように気をつけなさい。

② The air in the hospital is infected with germs.
その病院内の空気は細菌で汚染されている。

③ His laziness infected his colleagues.
彼の怠け癖が同僚にも影響を与えた。

④ The whole country had been infected by nationalism.
国全体が国家主義に染められてしまっていた。

ポイント！　in と fect（= do）、つまり中に浸して汚すこと、そこから病気などを感染させることへとつながります。

形容詞 infected は「感染した、伝染した、汚染した」。

infective は「感染を起こす」。　　infectious「感染性の、うつりやすい」。

（例）infectious disease 感染症　infectious hospital 伝染病病院

名詞 infection は「感染（病）、伝染（病）、汚染物質、悪い影響」など。なお、infection は空気や水を経路とする感染を指し、直接的に病人やその人の触れた物などとの接触感染の場合は contagion（contact から）を用います。また infest「害虫や病気などがはびこる、横行する」と混同しやすいので注意するとよいでしょう。

UNIT-38　CD ▶ 036

intend [inténd] 動

一番左の 原義 から連想して 4つ の意味をとらえよう！

① 意図する
　　　行為など　intend to ～
　▶ ② ～するつもりである
　　　intend 人 to ～
　▶ ③ させるつもりである
　▶ ④ 意味する

類 mean, aim at, purpose, design, harbor

Examples

① I intend you no harm.
あなたに危害を加えようとは**意図して**おりません。

② He intended to be a lawyer.
彼は弁護士に**なるつもりだった**。

③ I intended her to help me with my work.
彼女に仕事を**手伝ってもらうつもりだった**。

④ What do you intend by those remarks?
それらの発言はどのような**意味**ですか。

ポイント！ intend は、in「～へ」、tend「伸ばす」から、plan「計画する」よりも、さらに強い欲求、しかも計画性があり、実行力も伴う意味です。欲しいものに向かって手を伸ばすこと、あることをしようとする、～を意図することをいいます。intend to do は「～するつもりである」ですが、口語的には普通 be going to do を用います。

　形容詞 intended は「意図的な、計画された、故意の」という意味。名詞 intention は「意図、意志、つもり、意味、趣旨、ねらい」、複数形の intentions は「様々な思いをめぐらせる」という意味をもち、さらに形容詞化した intentional は「故意の、意図的な、計画的な」など。副詞 intentionally は「故意に、意図的に」など。

UNIT-39　CD ▶ 036

interrupt [ìntərʌ́pt] 動

一番左の 原義 から連想して 4つ の意味をとらえよう！

① 中断する ▶ ② じゃまをする
▶ 視野などを ③ さえぎる
▶ 話の ④ 腰を折る

類 stop, suspend, disturb, hinder, obstruct, break in

Examples

① The meeting was interrupted because of a sudden power failure.
会議は突然の停電のため中断された。

② Sorry to interrupt, but there's someone to see you.
お邪魔をしてすみませんが、どなたかお見えになりました。

③ The view was interrupted by a high building.
眺望は高い建物でさえぎられていた。

④ He is always interrupting others speech.
彼はいつも人の話の腰を折ってばかりいる。

ポイント！ inter「間に入って」、rupt「こわす」ことから、「中断する」ことですが、さらに「邪魔する」ことや、「遮る」ことへと意味内容がふくらみます。

interruption は「中断、妨害、中絶」。

interrupter は「さえぎるもの、武器の安全装置」など。また、関連語として、rupture「破裂、（交友関係の）決裂、断交」もおさえておくとよいでしょう。

justify

UNIT-40　CD ▶ 037

[dʒʌ́stəfài]　動

一番左の 原義 から連想して 4つ の意味をとらえよう！

① 正当化する
② ～正当な理由となる
③ 自己弁護する（~ oneself）
④ 行間、字間を整える（行末をちょうどよく(just)に）

Examples

類 excuse, vindicate, warrant, absolve, acquit

① That doesn't justify his action.
それで彼の行動が**正当化される**わけではない。

② The end justifies the means.
結果が手段の**正当な理由になる**。(諺)うそも方便

③ It is no use trying to justify yourself now.
今さら**自己弁護**しようとしても（**弁解**しても）無駄だ。

④ Justify the margin of documents.
文書のマージン（行末、余白）を**そろえなさい**。

ポイント！ justify は just（= right）正しい に、動詞化の接尾語 - fy（make, do の意味）が付き、「正当化する」という意味になっています。

形容詞の justifiable は「正当と認められる、筋の通った、もっともな」。

名詞の justification は「正当化、弁明、行末整頓」など。また justice「正当性、正義、公正」も関連語です。

UNIT-41　CD ▶ 037

progress [prəgrés] 動

一番左の 原義 から連想して 4つ の意味をとらえよう！

①前進する
▶ 仕事などが ②はかどる
▶ 物事が高い段階へ ③進歩する
▶ 病気が ④快方に向かう

類 advance, proceed, get on, get along, go along, push on, push forward, press on, press forward, make one's way, pass on

Examples

① They progressed slowly down the road.　　彼らはゆっくりと道を**進んだ**。
② The work has progressed.　　仕事が**はかどった**。
③ She is progressing with her Korean.　　彼女は韓国語が**上達している**。
④ The patient is progressing favorably.　　患者は**快方に向かっている**。

ポイント！　progress は pro「前へ」、gress（= go）「行く」こと、前へ前へと進むことをいいます。名詞 progress は [prágres] と発音し、「目標や、次の段階への前進、進歩、向上、発展、増進、普及、進捗、はかどり、経過、推移、成り行き」など。make（great, rapid, steady）progress のように名詞として多く用いられます。

　形容詞 progressive は「（段階的に）前進する、連続的な、（病気が）進行性の、進歩的な、革新的な、（文法の）進行形の」など。

　副詞 progressively は「次第に、段々に」など。

UNIT-42　CD ▶ 038

promote [prəmóut] 動

一番左の 原義 から連想して 4つ の意味をとらえよう！

① 促進する
→ 商品を　② 販売促進する
→ 人を　③ 昇進をさせる
→ 事業、イベントを　④ 主催する

類 encourage, advance, further, improve, elevate　反 hinder

Examples

① The then government highly promoted economic growth.
当時の政府は経済成長を大いに促進した。

② They are promoting a new sort of electric razor on television.
新しいタイプの電気かみそりをテレビで販売促進している。

③ He was promoted to sales manager.
彼は営業部長に昇進した。

④ The famous actor is promoting the charity concert.
その有名俳優がチャリティーコンサートを主催している。

ポイント！　pro「前へ」、mote (=move)「動かす」ことから、promote は普通よい方向へ事が進むように「促進する」ことをいいます。類義語の encourage は必ずしもよいことばかりではなく、悪事を促進する場合にも使われる点が promote とは異なります。

形容詞 promotive は「促進する、助長する」。

名詞 promotion は「促進、増進、助長、昇進、昇格、売り込み、宣伝販売促進用パンフレット」など。

promoter は「促進者、促進する物、立案者、発起人、興行者」など。

UNIT-43　CD ▶ 038

resume　　　[riz(j)úːm]　動

一番左の 原義 から連想して 4つ の意味をとらえよう！

再び取る
- 仕事、話などを ①再び始める
- 場所、席などを ②再び占める ▶ ③再び用いる
- 権利、健康などを ④取り戻す

類 retake, reoccupy, reassume

Examples

① They resumed negotiations after a long interruption.
彼らは長い中断のあと、交渉を**再び始めた**。

② They resumed their seats to start the meeting.
彼らは会議を始めるため**席を再び占めた**。

③ She resumed her former name for some reason.
彼女は何らかの理由でもとの名前を**再び使用した**。

④ Hearing the news, they resumed their spirits.
その知らせを聞いて、彼らは勇気を**取り戻した**。

To our relief, my mother could resume her health.
私たちがホッとしたことには、母は健康を**取り戻す**ことができた。

ポイント！ re「再び」、sume「取る」ことから、中断していたことを再び始めたり、再び使用したりすることを意味します。

自動詞として「(話、会議、仕事などが)再開される」こと。

（例）**After a two-hour break, talks resumed.**
　　　2時間の中断の後、協議が再開した。

名詞 resumption は「再開、続行、取り返し、回収、回復」など。なお、名詞 resume は [rézəmèi] と発音し、「要約、あらまし、摘要、レジュメ、履歴書」などを意味します。これは会議などを再開するとき、そこまでのあらましを確認のため再び取りあげて始めることから、「まとめられたもの、あらまし」の意味が理解されます。

alien

[éiliən] 形

一番左の 原義 から連想して **6つ** の意味をとらえよう！

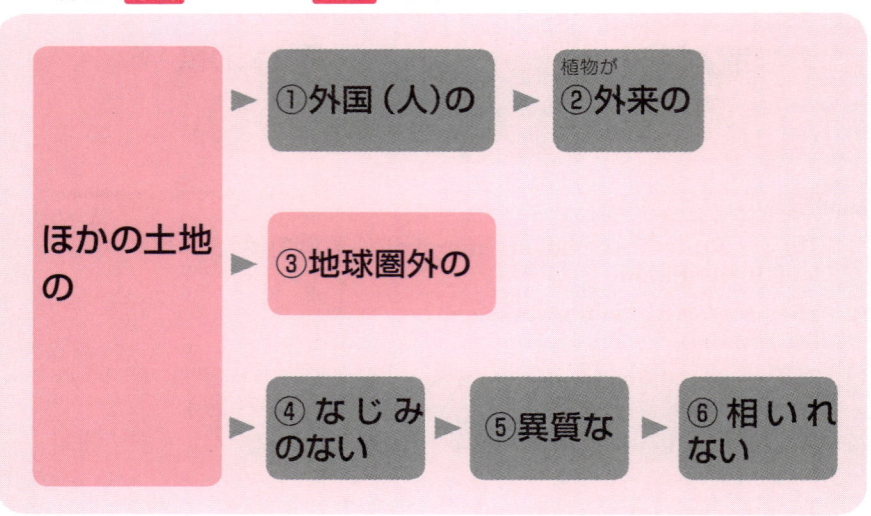

ほかの土地の
- ▶ ①外国（人）の ▶ ②外来の（植物が）
- ▶ ③地球圏外の
- ▶ ④なじみのない ▶ ⑤異質な ▶ ⑥相いれない

類 foreign, strange
反 native

ポイント！ alien と foreign は両方とも「よその土地の、異質な、なじみのない」を意味する言葉ですが、alien は foreign より格式ばった堅い表現で、法律関係などでよく使用されます。

動詞 alienate は「疎遠にする、疎外する」こと。例文のように受身形で表現されることがよくあります。

（例）He sometimes felt alienated from the others in his class.
彼はときどきクラスの皆から疎外されている気がした。

Examples

① **They are required to follow the Alien Registration Law.**

彼らは**外国人**登録法に従うよう求められている。

② **He is studying alien plants.**

彼は**外来**植物を研究している。

③ **Even if alien lives exist, it's unlikely that they could travel to Earth.**

たとえ**地球外**生物がいるとしても、地球にやってくることができそうにない。

④ **Their way of exchanging greetings is an alien customs to us.**

彼らの挨拶の仕方は我々に**なじみのない**習慣の一つだ。

⑤ **The result was entirely alien from the one intended.**

結果は意図していたものと全く**異質なもの**だった。

⑥ **Luxury is quite alien to his nature.**

贅沢はまったく彼の性に**相いれない**。

UNIT-45　CD ▶ 040

critical [krítikəl] 形

一番左の 原義 から連想して 7つ の意味をとらえよう！

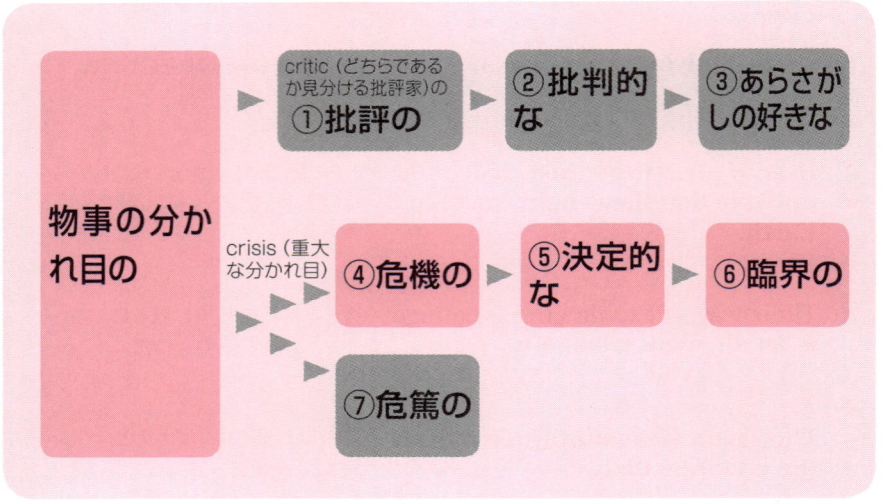

```
                   critic (どちらである
                   か見分ける批評家)の
                   ①批評の    →  ②批判的な  →  ③あらさがしの好きな

物事の分か
れ目の
                   crisis (重大
                   な分かれ目)
                   ④危機の    →  ⑤決定的な  →  ⑥臨界の

                   ⑦危篤の
```

類 analytical, faultfinding, captious, dangerous, risky, crucial, decisive, urgent

ポイント！　critical の一見関連性のないように思える①〜③と④〜⑦の2系統の語義は、2つの名詞 critic「批評家」と crisis「危機」、そのさらに前の「物事の分かれ目」という意味までさかのぼると、その関連性が理解でき、連想の展開が面白いように進みます。

　名詞 critic「批評家、酷評家」の派生語として、名詞 criticism「批評、非難」、動詞 criticize「批評する、批判する、非難する」も関連語としておさえておきましょう。

Examples

① **He writes critical essays on art and literature.**

彼は美術と文芸に関する**評論**を書いている。

② **The article drew many critical opinions from readers.**

その記事は読者から**批判的な**意見を引き起こした。

③ **He is only critical of neighbors.**

彼は隣人の**あらさがし**ばかりする。

④ **It was a critical moment in my life.**

私の生涯における**危機**であった。

⑤ **We are now faced by a critical situation on the project.**

私たちは今、プロジェクトの**決定的な**局面に直面している。

⑥ **It reached the critical point.**

臨界点に達した。

⑦ **The patient was in a critical condition that night.**

その夜、患者は**危篤**状態におちいった。

independent

[ìndipéndənt] 形

一番左の 原義 から連想して 6つ の意味をとらえよう！

依存しない

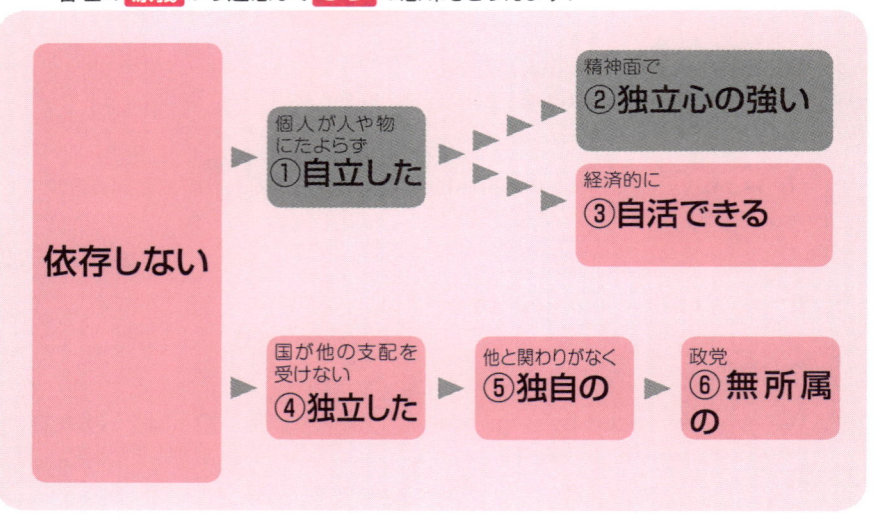

- 個人が人や物にたよらず ①自立した
  - 精神面で ②独立心の強い
  - 経済的に ③自活できる
- 国が他の支配を受けない ④独立した → 他と関わりがなく ⑤独自の → 政党 ⑥無所属の

類 free, self-governing, self-reliant, unconnected, separate, nonpartisan

ポイント！　independent の in は「否定」、dependent は「ぶらさがって、頼りにしている」ということですから、依存しないことをいいます。
　人、国だけでなく⑤のように物事についても、他と関わりがないという意味で用いられます。
　名詞 independence は「独立、自主、独立心」など。
　また independency は「独立、自立、自主、独立教会制、独立国」など。

Examples

① **She should be more independent of her parents.**

彼女はもっと親から**自立**すべきだ。

② **Kate used to be the most independent girl in my class.**

ケイトはクラスで最も**独立心の強い**女の子でした。

③ **In his country, most children lead an independent life after graduating from high school.**

彼の国では、たいていの子供は高校を卒業すると**自活します**。

④ **What defines a state or an independent country?**

国家、または**独立**国の定義はどんなことでしょうか。

⑤ **He collected independent proof to clear himself of suspicion.**

彼は自分にかけられた嫌疑を晴らすため、**独自の**証拠を集めた。

⑥ **He's decided to stand as an independent candidate for this election.**

今回の選挙では、彼は**無所属**候補者として立つことを決めた。

UNIT-47　CD ▶ 042

local

[lóukəl]　形

一番左の 原義 から連想して 8つ の意味をとらえよう！

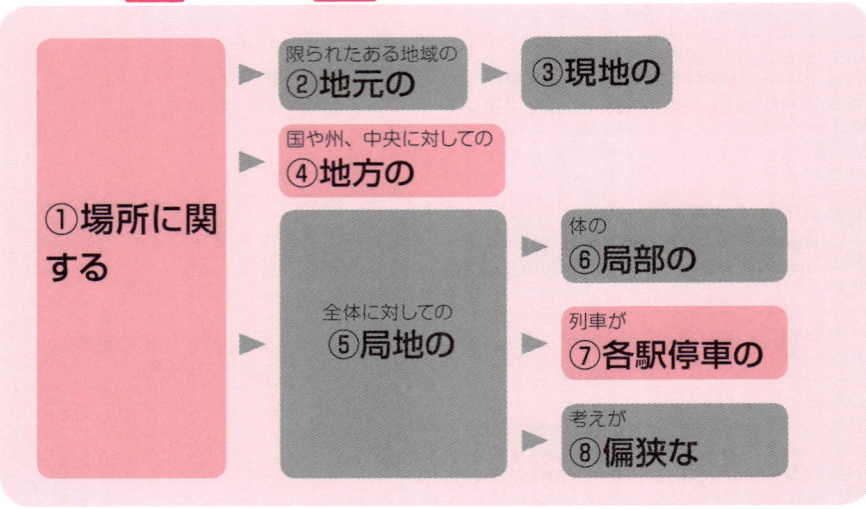

- ①場所に関する
  - 限られたある地域の
    ②地元の
    - ③現地の
  - 国や州、中央に対しての
    ④地方の
  - 全体に対しての
    ⑤局地の
    - 体の
      ⑥局部の
    - 列車が
      ⑦各駅停車の
    - 考えが
      ⑧偏狭な

類 provincial, native, endemic, restricted, narrow
反 central, national, international, general

ポイント!　local は場所を表す locus に由来します。locate（場所をつきとめる、定める）や location の loco も場所を表していますね。また、locomotive の motive は動きを表しますから、場所を動く、機関車となるわけです。

名詞 local は「地元、現地、地元の人、普通列車、テレビ・ラジオのローカル番組」など。

動詞化した localize は「特定の地方に限定（集中）する、病気などを局部でくい止める、〜の場所をつきとめる」など。

さらに名詞化した localization は「局部限定、局在化、地方分散化」など。また、名詞 localism は「郷土びいき、地方主義、地方風、偏狭性」 など。

Examples

① **The words "here, there, everywhere" come under "local adverbs".**
単語「ここ、そこ、どこでも」は「**場所に関する**副詞」に属します。

② **Eating more local vegetables helps activate local economies.**
地元産の野菜をもっと多く食べることは地元経済を活性化させることに役立つ。

③ **The conference is to start at 1 p.m. local time.**
会議は**現地**時間午後1時に始まる予定だ。

④ **Do you know how much money you are paying for local taxes?**
あなたは**地方**税にいくら収めているか知っていますか。

⑤ **A local war may break out at any moment in that region.**
その地方では、**局地**戦争がいつなんどきでも起こりかねない。

⑥ **Was the operation performed under local anesthesia or general?**
その手術は**局部**麻酔で行われたのですか、全身でしたか。

⑦ **You need to change to a local train at Mitaka.**
三鷹で**各駅停車**に乗り換える必要がありますよ。

⑧ **It's only a local prejudice.**
それは狭い**偏狭な**先入観にすぎません。

mature [mətʃúər] 形

一番左の 原義 から連想して 6つ の意味をとらえよう！

人、動物が
① 成熟した

ワイン、チーズ、果物などが
② 熟した

心身ともに成熟して
③ 分別のある

文体、演技などの芸術的技巧が
④ 円熟した

計画、考えなどが
⑤ 熟慮された

⑥ 慎重な

類 ripe, full-grown, adult, mellow, developed, discreet, prudent
反 immature

ポイント！ mature は生き物が十分に育ち、心身ともによく発達した状態のことです。ripe は果物などが十分に熟した状態をいいます。mellow は果物などのたべもの、人の両方に使い、熟したときの柔らかさ、甘さ、円熟した豊かな美しさなどを連想させます。

mature は、動詞としては「成熟させる、仕上げる、(チーズなど) 熟成させる、熟す、大人になる、(手形が) 満期になる、(事が) 十分発達する」など。

名詞 maturity は「成熟、完成、手形の満期」など。

その他、immature「未熟な」、premature「時期尚早の」などの反対語にも注意しましょう。

Examples

① He is mature for his age.

彼は年のわりには**成熟している**。

② These apples are not mature yet.

これらのりんごはまだ**熟していない**。

③ He's come to the mature age.

彼も**分別盛り**の年になった。

④ Her mature performance attracts many people.

彼女の**円熟した**演技は多くの人々を惹きつける。

⑤ This is a quite mature plan.

これは実に**熟慮された（ぬかりのない）**計画だ。

⑥ After mature consideration, they decided to resume the project.

慎重に検討した結果、彼らはプロジェクトを再開することに決定した。

plain [plein] 形

一番左の 原義 から連想して 9つ の意味をとらえよう！

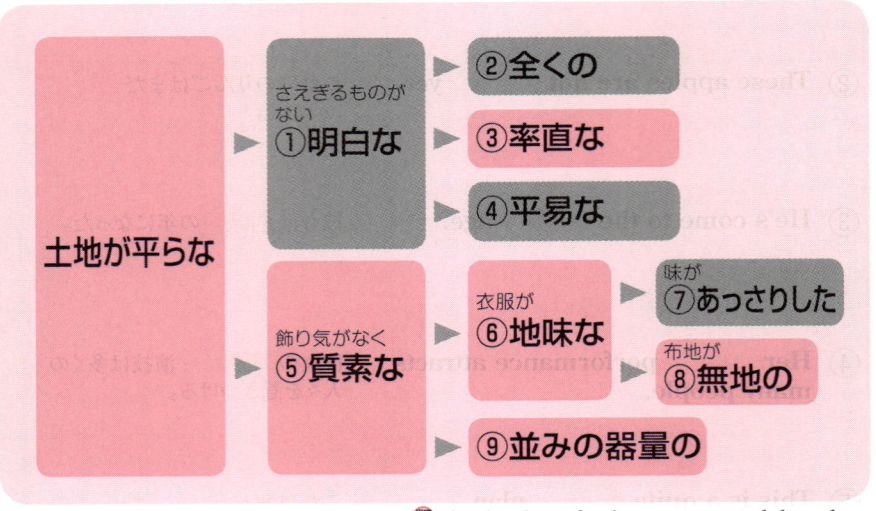

土地が平らな
- さえぎるものがない ①明白な
  - ②全くの
  - ③率直な
  - ④平易な
- 飾り気がなく ⑤質素な
  - 衣服が ⑥地味な
    - 味が ⑦あっさりした
    - 布地が ⑧無地の
  - ⑨並みの器量の

類 simple, sheer, frank, unornamented, homely

ポイント！ plain は本来、土地が平らであるという意味を持っていましたが、現在は「平らな」の意では flat や level が用いられます。同じ発音の plane は語源も同じで、近い意味を持っているので注意しましょう。
（例）**a plane figure** 平面図形
名詞 plain には本来の意味が残っており「平地、平原、平野」など。
副詞としては「はっきりと、率直に、平易に、全く、平らに」など。

Examples

① The **plain** fact is somebody unlocked the drawer.

明白な事実は誰かが引き出しの鍵を開けたということだ。

② It's **plain** foolish to do such a rash act.

そんな軽率な行為をするなんて**全く**愚かだ。

③ To be **plain** with you, I am dissatisfied with your job performance.

率直に言うと、あなたの仕事ぶりに不満があるのです。

④ It is required to explain the directions in **plain** words.

使用法を**平易な**言葉で説明することが求められている。

⑤ I want to live like the words by Wordsworth: "**plain** living and high thinking".

私はワーズワースの「**質素な**生活と高尚な思考」という言葉のように生きたい。

⑥ She was the most beautiful in our town even in a **plain** dress.

彼女は**地味な**服を着ていてさえ町で一番美しかった。

⑦ The meals there were rather **plain** in taste for me.

そこの食事は私にはやや味が**あっさりして**いた。

⑧ Let's try dyeing a **plain** cloth with plants or flowers.

無地の布地を草木染めしてみましょう。

⑨ She used to be a **plain** girl.

彼女は**並みの器量の**女の子だった。

alternative

[ɔːltə́ːrnətiv] 形

一番左の **原義** から連想して **3つ** の意味をとらえよう！

どれか一つ選ぶべき
▶ ① 二者択一の
▶ ② 代わりとなる
▶ 既存の基準に基づかない ③ 非体制的な

類 substitute, take turns, change, interchange

Examples

① We no longer have and alternative course.
我々にはもはや**二者択一の**道がない。

② The prime minister stressed the importance of developing alternative energy sources.
首相は**代替**エネルギー源を開発することの重要さを強調した。

③ These students are studying alternative society.
この学生たちは**非体制的な**(新社会)について研究している。

ポイント！ alternative は本来、動詞の alternate「交替する、互い違いになる」が形容詞化したものです。(alter は other、「他の」という意味です)
そのため、alternate（動）→（形）→（名）から alternative（形）→（名）の順で連想展開することが自然ですね。

alternate（動）交替する、互い違いになる
　　　　　→（形）交互の、交替の、一つおきの、代わりの
　　　　　→（名）代替物、代理人、交替者、補欠、控え
↓
alternative（形）二者択一の、代わりとなる、非体制的な
→（名）二者間（または三者間以上の）選択、選択肢、代案

available [əvéiləbl] 形

一番左の 原義 から連想して 4つ の意味をとらえよう！

求めに応じられる
→ 物が ①利用できる → ②入手できる
→ 人が利用可能である ③手が空いている → 電話、面談や何かのために ④対応できる

類 handy, ready, convenient, obtainable

Examples

① The telephone is now available.
もう電話が**使えます**よ。

② The jacket is available in all sizes.
そのジャケットはどのサイズでも**手に入ります**。

Further information is available on the Internet.
インターネットで詳しい情報が**入手いただけます**。

③ Are you available this afternoon?
今日の午後**手が空いています**か。

④ The president was not available for comment.
大統領は論評を求められたが**対応できなかった**。

ポイント!

available は動詞 avail「役に立つ」の形容詞形です。

（例）It will avail you little or nothing.
それはあなたにとって役立つことはほとんどないでしょう。

したがって、available は役立つことができるというのが本来の意味です。

物について言うときは、利用できる、入手できるということであり、人についてなら、手が空いている、対応可能である、という意味になります。

名詞 availability は「有効性、効用、入手の可能性、利用できる物・人」など。また avail は「利益、効用、効力」などの意味で名詞としても用いられます。

UNIT-52　CD ▶ 046

bill　[bil]　名

一番左の **原義** から連想して **8つ** の意味をとらえよう！

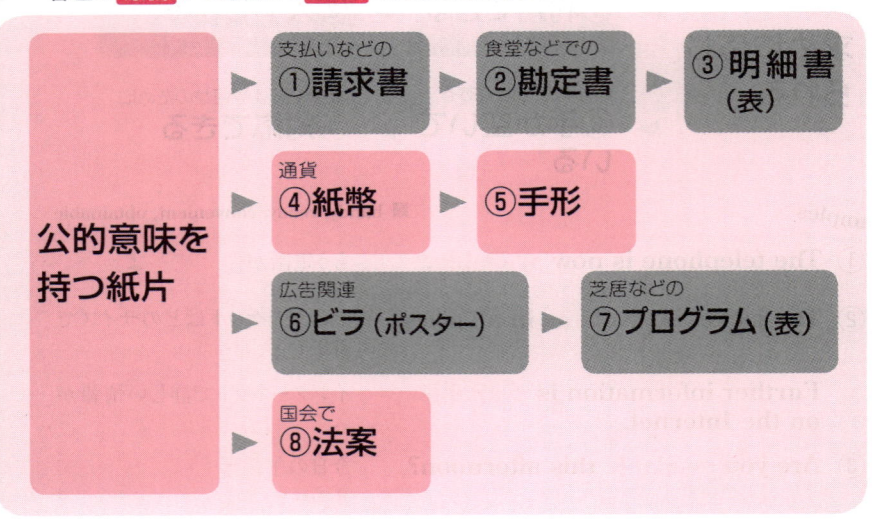

公的意味を持つ紙片
- 支払いなどの ① 請求書 → 食堂などでの ② 勘定書 → ③ 明細書（表）
- 通貨 ④ 紙幣 → ⑤ 手形
- 広告関連 ⑥ ビラ（ポスター）→ 芝居などの ⑦ プログラム（表）
- 国会で ⑧ 法案

類 note, check, account, charges, statement, invoice, poster, placard

ポイント！　**bill** は本来、押印した文書のことでした。紙幣、手形、請求書などの、正式なものである証として印の必要な紙片や法案から、チラシやポスター、またプログラム表などのことまで指します。

　②の勘定書はアメリカでは **check** を使うのが普通です。④の紙幣はイギリスでは **note** といいます。

　⑥の広告には **handbill** という語もあります。また **billboard** は広告掲示板のこと。

　動詞の **bill** は「請求書を送る、請求する、勘定書きに記入する、ビラで広告する、ビラを貼る」など。

Examples

① **We pay the electricity bill by direct debit.**

電気の**請求書**を口座引き落としで支払う。

② **An incollect bill was submitted to me.**

間違った**勘定書**が私に請求された。

③ **Keep the bill of expenditures.**

支払い**明細書**を保管してください。

④ **I'll have to break a $100 bill.**

100ドル**紙幣**をくずさなければなりません。

⑤ **I will accept this bill.**

私はこの**手形**を受け取るだろう。

⑥ **Post No Bills.**

貼り紙無用。

⑦ **According to the theater bill, the play begins at 1:30, and at 6:30.**

劇の**番組表**によると、そのお芝居は1:30と6:30に開演します。

⑧ **The Diet finally passed the controversial bill.**

国会はついにその問題の多い**法案**を可決した。

UNIT-53　　CD ▶ 047

effect [ifékt] 名

一番左の 原義 から連想して 10 の意味をとらえよう！

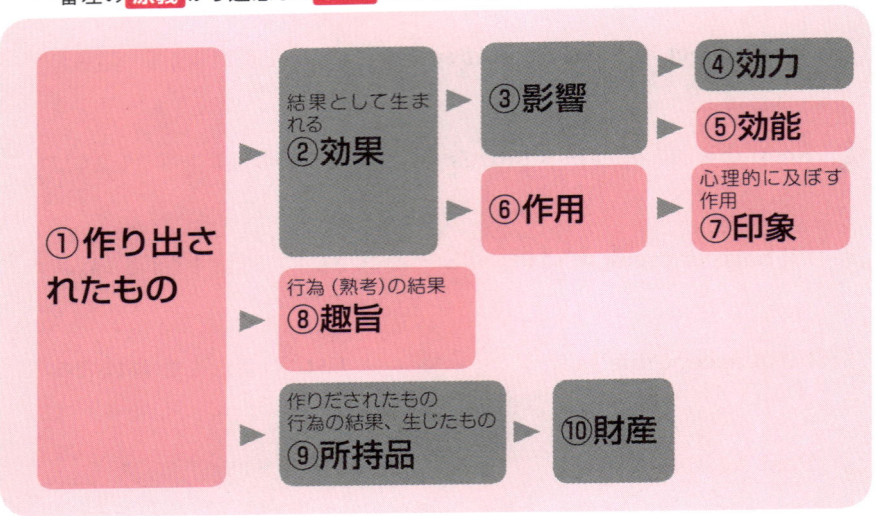

- ①作り出されたもの
  - ②効果（結果として生まれる）
    - ③影響
      - ④効力
      - ⑤効能
    - ⑥作用
      - ⑦印象（心理的に及ぼす作用）
  - ⑧趣旨（行為(熟考)の結果）
  - ⑨所持品（作りだされたもの、行為の結果、生じたもの）
    - ⑩財産

類 result, upshot, issue, outcome, development, aftermath, product, work, performance, creation, effectiveness, property

ポイント！　ef (= ex)「外へ」、fect (= do) は「する」、つまり effect は何かがなされた結果、外に出たもの、作り出されるものとして、効果、影響、作用、印象などをいいますが、さらに、働いて作り出されたものとして、所持品、財産などを表します。
　類似発音の affect は動詞で、「影響を及ぼす、作用する」という意味の関連語です。effect の形容詞は effective「効果のある、強い印象を与える、実際の」など。

Examples

① **There is no effect without cause.** 原因がなければ**結果**はない。

② **He is an expert of sound effects.** 彼は音響**効果**の専門家です。

③ **Smoking could have serious effects on our health.** 喫煙は健康に深刻な**影響**を及ぼすことがある。

④ **The new law came into effect.** 新法が**効力**を発した。

⑤ **This medicine has no effect.** この薬には何の**効能**もない。

⑥ **There are some reports of side effects.** 副**作用**に関する報告がいくつかある。

⑦ **I was deeply impressed by an artistic effect of the garden.** 私はその庭の芸術的**印象**に深く感動した。

⑧ **She spoke to the same effect.** 彼女は同じ**趣旨**のことを言った。

⑨ **You must keep your personal effects in this drawer.** **所持品**はこの引き出しに入れておかなければなりません。

⑩ **They barely saved his household effects from the fire.** かろうじて家**財**を火事から守ることができた。

figure [fígjər] 名

一番左の 原義 から連想して 9つ の意味をとらえよう！

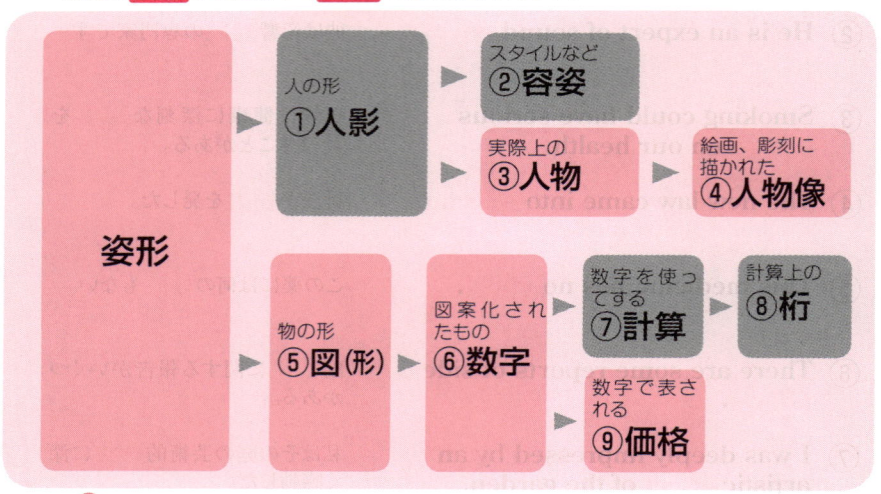

```
姿形
├─ 人の形 ①人影 ─ スタイルなど ②容姿
├─ 実際上の ③人物 ─ 絵画、彫刻に描かれた ④人物像
└─ 物の形 ⑤図(形) ─ 図案化されたもの ⑥数字
                            ├─ 数字を使ってする ⑦計算 ─ 計算上の ⑧桁
                            └─ 数字で表される ⑨価格
```

類 form, shape, outline, body, image, appearance, pattern, diagram, number, digit, price

ポイント！ figure と feature は混同しやすいですが、feature は特徴的な各部分をいいますが、figure は形づくられたものの姿、形のことをいいますから、容姿、人物、そして図形の意味を持つわけです。そして図案化された姿として 1,2,3,…をとらえると、「数字」そのものの意味が納得でき、さらに計算、桁、価格へと意味が展開します。

　動詞 figure は「計算する、描く、～だと思う、理解する、心に描く、比喩で表す」など。

　形容詞 figurative は「図で表した、象徴的な、比喩的な」など。

Examples

① I saw the figure of man in the dark.

暗闇に**人影**を見た。

② She has a good figure.

彼女は**容姿**がいい。

③ He should have behaved properly as a public figure.

彼は著名**人**として適切に振舞うべきだった。

④ He is making his living by carving wood into a figure.

彼は木を刻んで**像**を作ることで生計を立てています。

⑤ He is learning how to find areas of plane figures at school.

彼らは学校で、平面**図形**の面積を出すことを学んでいます。

⑥ Add up these three figures and then divide it by three.

これら3つの**数**を合計して、3で割りなさい。

⑦ The boy is good at doing figures.

その男の子は**計算**が得意です。

⑧ After a rapid advance of inflation, it is now down to single figures.

インフレの急激な進行の後、今は1**桁**の数字に下がっている。

⑨ We can get many goods at low figures with mass production.

大量生産のおかげで多くのものを安**価**で手に入れることができる。

UNIT-55　　CD ▶ 049

interest [ínt(ə)rist] 名

一番左の 原義 から連想して 7つ の意味をとらえよう！

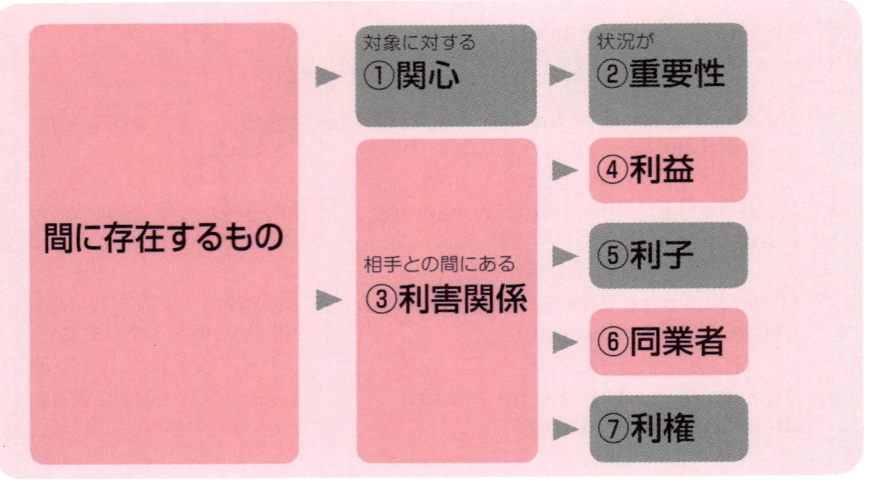

間に存在するもの
→ 対象に対する ①関心 → 状況が ②重要性
→ 相手との間にある ③利害関係 → ④利益
→ ⑤利子
→ ⑥同業者
→ ⑦利権

類 concern, welfare, benefit, payment, advantage, profit, claim

ポイント！　interest は inter「間に」、est「存在するもの」、つまり相手との間に存在する、興味、関心、好奇心、そして、関心を引くに足る重要性、相互間に存在する利害関係から利益、利子、利権、利害関係を共にする団体（同業者など）の意味へと発展します。

動詞「関心を持たせる、興味を起こさせる、関係させる」の用法もよく使われます。
（例）**The picture book interested the baby a lot.**
　　　絵本は赤ちゃんの興味を大いに引いた。

受動態表現　be interested in「関心がある」はきわめて基本的な表現ですが、interesting とうっかり間違いやすいものですから注意しましょう。

形容詞 interested は「興味を持った、利害関係のある」、interesting は「おもしろい、興味深い」など。

Examples

① **The baby showed a lot of interest in the picture book.**

赤ちゃんはその絵本に大いに**関心**を示した。

② **This was treated deliberately as a matter of great interest.**

このことは非常に**重要性**のある事として慎重に取り扱われた。

③ **Our company has an important interest in this matter.**

わが社はこの問題に重大な**利害関係**を持っています。

④ **That decision could harm the public interest.**

その決定は公**益**を損ねることになるかもしれない。

⑤ **Luckily, I could borrow money without interest.**

良かったことに、私は**利子**なしでお金を借りることができた。

⑥ **The party is supported mainly by farming interests.**

その党は主に農業を営む**同業者**から支持されている。

⑦ **The two countries share an interest in the offshore oil drilling.**

両国は海底石油の採掘に**利権**を持っている。

Advanced

UNIT-56　　CD ▶ 050

abandon

[əbǽndən]　動

一番左の 原義 から連想して 6つ の意味をとらえよう！

```
                    妻子・ペットなど世話す      家・国・船などを危険や
                    べき対象を              留まりにくい理由で
                ▶  ①捨て去る          ▶  ②捨てる

                    仕事・計画・希望などを      途中で
  やむなく放    ▶  ③断念する          ▶  ④残念ながらや
  棄する                                  める

                    土地・要塞などをやむなく    財産・権利などを
                ▶  ⑤明け渡す          ▶  ⑥無念ながら放
                                          棄する
```

類 leave, desert, quit, give up, discard, evacuate, surrender, relinquish

ポイント！ ものを「捨てる」場合の一般的な表現の **throw out** に対して **abandon** は本来危険や必要に迫られてやむなく人、ものを放棄することを意味します。

　同義語の **desert** よりも非難される意味あいは弱いといえます。**desert** は「(特に義務、約束などを破って) 放棄する、見捨てる」の意味を持ちます。そのため **desert** には「脱走する」、「逃亡する」の意味があります。

　abandon が「仕事、習慣、計画などの断念」の意味の時は、**give up** や **quit** の方が口語的で日常よく使われます。

　少し変わった意味として **He abandoned himself to pleasure.** 彼は歓楽に明け暮れた、のような使い方もあります。

　形容詞 **abandoned** は「見捨てられた、放棄された」。

　名詞 **abandonment** は「放棄、遺棄、自暴自棄」などの意味。

Examples

① He abandoned his wife and children.

彼は妻子を**捨てた**。

② They abandoned their sinking ship.

彼らは沈む船を**捨てた（離れた）**。

③ He has abandoned his hope to be a doctor.

彼は医者になりたいという望みを**断念した**。

④ They had to abandon the match because of rain.

彼らは雨のため試合を**残念ながら中止**しなければならなかった。

⑤ They abandoned their land to the invading forces.

彼らは侵略軍に土地を**明け渡した**。

⑥ He was forced to abandon resident status.

彼は居住権を**無念ながら放棄**せざるを得なかった。

administer

[ədmínəstər] 動

一番左の 原義 から連想して 8つ の意味をとらえよう！

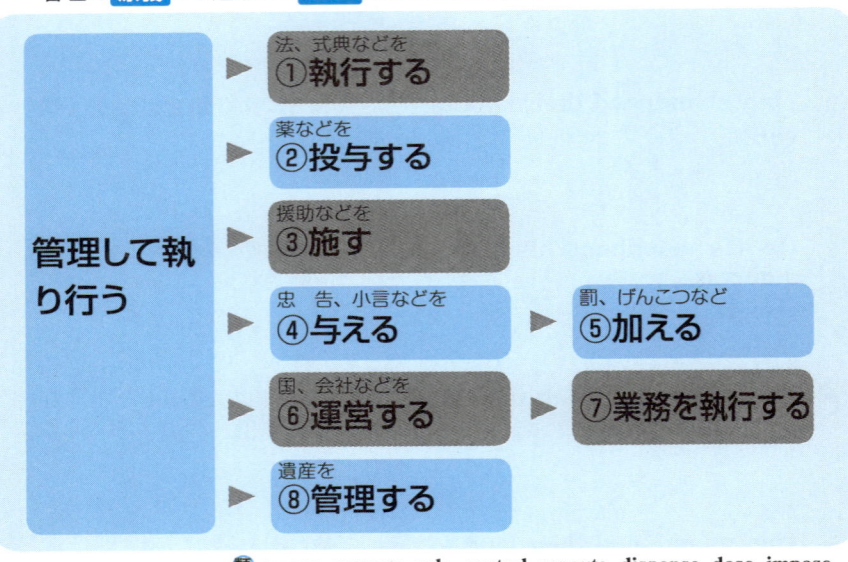

管理して執り行う

- 法、式典などを
  ① **執行する**
- 薬などを
  ② **投与する**
- 援助などを
  ③ **施す**
- 忠告、小言などを
  ④ **与える** ▶ 罰、げんこつなど ⑤ **加える**
- 国、会社などを
  ⑥ **運営する** ▶ ⑦ **業務を執行する**
- 遺産を
  ⑧ **管理する**

類 govern, manage, rule, control, execute, dispense, dose, impose

ポイント！ administer の中の minister は本来の召使いの意味から、公の下僕としての大臣、公使や、プロテスタントの聖職者を指します。そこから administer が儀式を執り行うことや、薬を投与したり、手当てや援助を施したりすることなど、そして会社などの管理、運営をするという意味で使われるフォーマルな単語です。

名詞 administration は「行政、政府、管理、運営、法、儀式、処罰などの執行、薬の投与」など。

Examples

① **The minister administered baptism to him.**
牧師が彼に洗礼を執行した。

② **The doctor administered unapproved medicine to a patient.**
その医者は患者に承認されていない薬を投与した。

③ **The charitable institution administered aid to the sufferers.**
その慈善団体は被災した人々に援助を施した。

④ **The director administered a rebuke to the staff for their negligence.**
長官は職員を職務怠慢だと叱責を与えた(叱責した)。

⑤ **He administered a severe blow to our opponents.**
彼は相手にきつい一撃を加えた。

⑥ **The queen administered her country instead of her brother.**
兄の代わりに女王が国を運営した(治めた)。

⑦ **He was designated to administer foreign affairs.**
彼は外交問題の業務を執行するよう、指名された。

⑧ **His son is supposed to administer his bequest.**
彼の息子が彼の財産を管理することになっている。

anticipate [æntísipèit] 動

一番左の 原義 から連想して 9つ の意味をとらえよう！

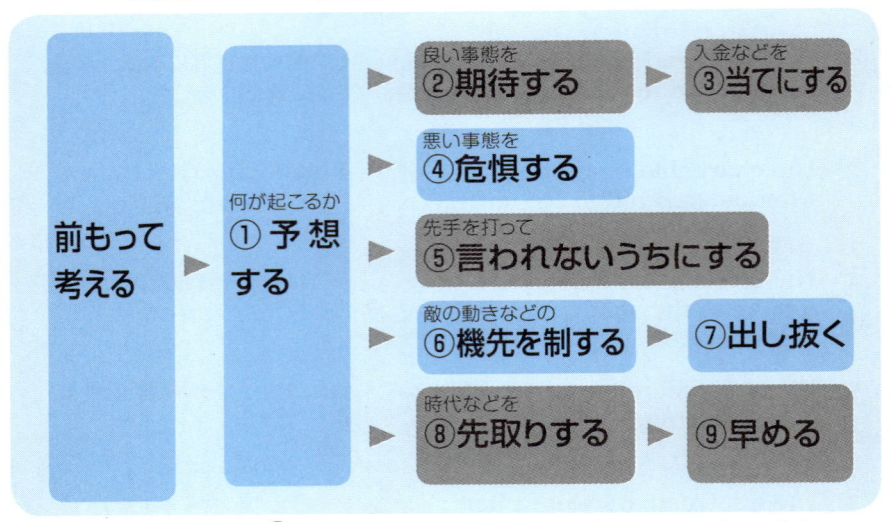

前もって考える ▶ 何が起こるか ① 予想する

- 良い事態を ② 期待する ▶ 入金などを ③ 当てにする
- 悪い事態を ④ 危惧する
- 先手を打って ⑤ 言われないうちにする
- 敵の動きなどの ⑥ 機先を制する ▶ ⑦ 出し抜く
- 時代などを ⑧ 先取りする ▶ ⑨ 早める

類 expect, foresee, look forward to, fear, prevent, forestall, hasten

ポイント！ anticipate は予想したことについて前もって心構えをしたり、対策を立てたり、その結果、機先を制したり、出し抜いたりすることに意味が発展していきます。expect は理由などをもとに確信を持って予想して期待したり覚悟したりすることを表し、先んじて行動を起こす意味まではありません。

自動詞の anticipate は「予想する、予言する、予感する、先を越す」など。

名詞 anticipation は「予想、予期、期待、予感、虫の知らせ、事前行為、先制行動」など。

Examples

① **It is hard to anticipate how this case will develop.**
この事件がどう進展するかを**予想する**ことは難しい。

② **I anticipate great pleasure from my visit to your country.**
貴国を訪問による大きな喜びを**期待**しています。

③ **You should not anticipate your income.**
実際に手に入っていない収入を**当てにして**はならない。

④ **He always anticipates trouble.**
彼はいつも厄介なことにならないかと**危惧する**。

⑤ **His mother anticipated all his needs.**
彼の母は彼の要求をみな察して**言われないうちにやってくれた**。

⑥ **Our opponent team anticipated our move.**
相手チームは我々の**機先を制**した。

⑦ **He anticipated his colleagues in winning rapid promotion.**
彼は同僚を**出し抜いて**早い昇進を勝ち取った。

⑧ **She is good at anticipating the coming fashions .**
彼女は新しい時代の流行を**先取りする**のがうまい。

⑨ **Smoking anticipated his death.**
喫煙が彼の死を**早めた**。

appreciate [əpríːʃièit] 動

一番左の 原義 から連想して 6つ の意味をとらえよう！

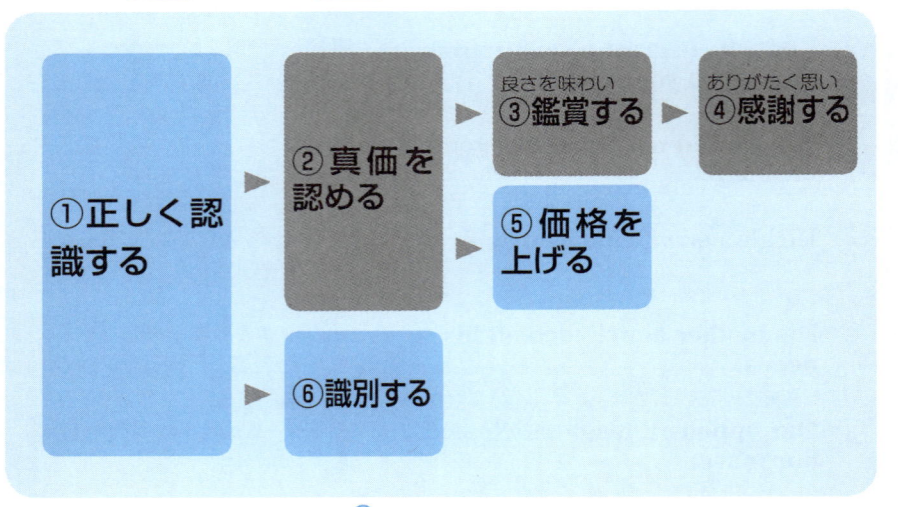

- ① 正しく認識する
  - ② 真価を認める
    - 良さを味わい ③ 鑑賞する
      - ありがたく思い ④ 感謝する
    - ⑤ 価格を上げる
  - ⑥ 識別する

類 prize, esteem, value, comprehend, increase in value

ポイント! ap (= ad)「〜に」、preciate「価格をつける」、つまり本来は価格をつけることですが、価格をつけるには、まず価値を正しく認識することが必要です。そして価値あるものに高い評価を与え、さらに感謝することへと展開します。

自動詞 appreciate は「価格、相場が上がる」で、例文⑤は自動詞として使われています。

対語の depreciate は、「価格をさげる、価値を見くびる」などの意。

名詞 appreciation は「正しい認識、真価を認めること、鑑賞、感謝、値上がり」など。

Examples

① **We have to appreciate the difference between a genuine and an artificial one.**

私たちは本物と人工物の区別を正しく認識する必要がある。

② **He is appreciated by his own generation.**

彼の同時代の人々に真価を認められる。

③ **Does your father appreciate literature and music?**

あなたのお父さんは文学や音楽を鑑賞しますか。

④ **I greatly appreciate your kindness.**

ご親切に心から感謝いたします。

⑤ **The yen has appreciated against the dollar.**

ドルに対して円が上昇した。

⑥ **She is very good at appreciating small differences.**

彼女は細かい相違を識別するのが上手だ。

assume [əs(j)úːm] 動

一番左の 原義 から連想して 8つ の意味をとらえよう！

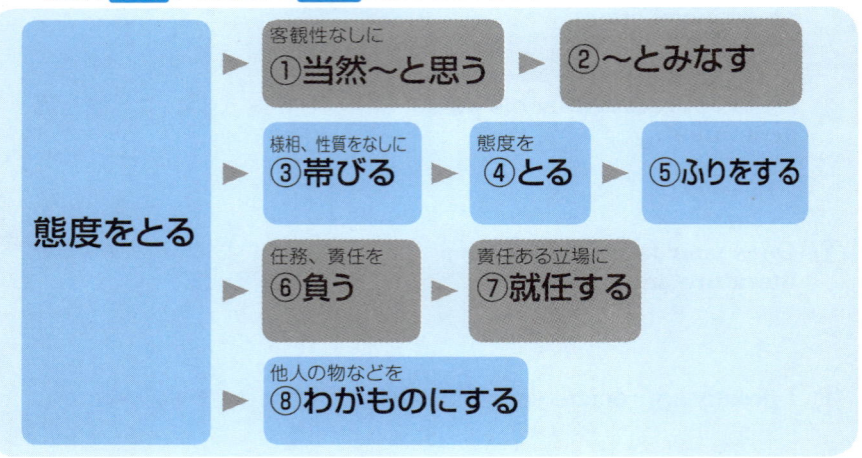

態度をとる
- 客観性なしに ①当然〜と思う ▶ ②〜とみなす
- 様相、性質をなしに ③帯びる ▶ 態度を ④とる ▶ ⑤ふりをする
- 任務、責任を ⑥負う ▶ 責任ある立場に ⑦就任する
- 他人の物などを ⑧わがものにする

類 suppose, take for granted, put on, take on, affect, pretend, undertake, shoulder

ポイント！ **assume** は **as**（=**ad**）「その方向へ」、**sume** は「取る」こと。**sume** を持つ **resume**（再びとる、再開する、取り戻す）、**consume**（完全にとる、消費する）、**presume**（先にとる、推定する）とあわせて理解すると意味がとりやすいでしょう。

　心的態度をある方向へ取る場合は、決めてかかること、それが当然とみなすこととなるわけです。つまり **assume** は根拠がないのに推量すること。一方、**think** は何かしらの根拠があるのが普通で、一方的な思い込みとは違います。

　色、様相を帯びる、役職に就任する場合の **assume** も、その方向に向かって積極的に取りにいくイメージで連想するとすっきりと理解できますね。

　名詞 **assumption** は「決めてかかること、前提、推定、引き受けること、就任、横領、装うこと、見せかけ、でしゃばり」など。

　また形容詞 **assuming** は「うぬぼれ、傲慢な」など。

Examples

① **We assumed that the trains would be on time in any country.**
列車はどの国でも時刻どおりに当然着くものと思っていた。

All people assume him to be guilty.
みな彼が有罪だと当然思う。

② **I assume that he is diligent.**
私は彼を勤勉であるとみなす。

③ **The event began to assume a new aspect.**
その事件は新局面を帯び始めた。

④ **He suddenly assumed a friendly attitude.**
彼は突然友好的な態度をとった。

⑤ **The old man assumed to be deaf to dodge his obligations.**
その年とった男は彼の義務を回避するため、耳が聞こえないふりをした。

⑥ **The construction company should assume full responsibility for the accident.**
その建設会社が事故の全責任を負うべきである。

⑦ **He declined to assume the chair.**
彼は議長職に就任することを辞退した。

⑧ **The clan assumed power and took the country into their own hands.**
その一族は権力をわがものにし、その国を手中に収めた。

UNIT-61　　CD ▶ 055

assure [əʃúər] 動

一番左の 原義 から連想して 5つ の意味をとらえよう！

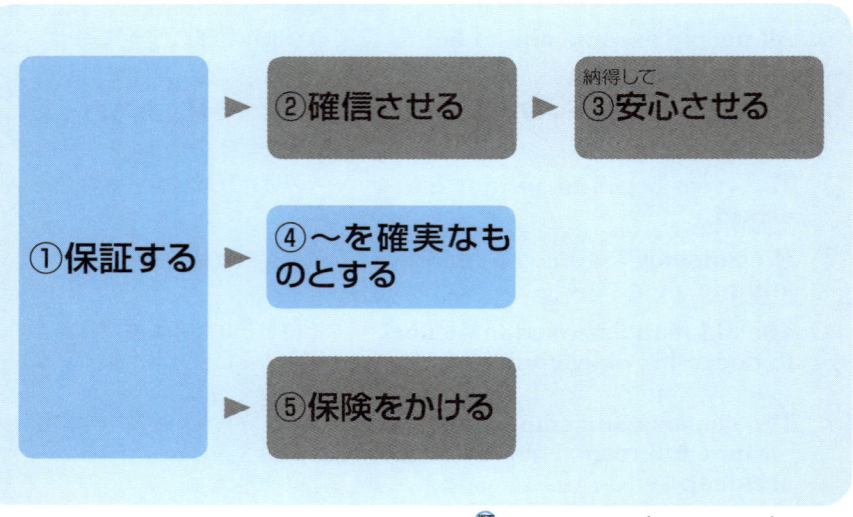

①保証する
　▶ ②確信させる ▶ ③安心させる（納得して）
　▶ ④〜を確実なものとする
　▶ ⑤保険をかける

類 guarantee, convince, ensure, insure

ポイント！　assure、ensure、make sure は共に「確実なものとする」の意味です。
　⑤の「保険をかける」の意味では insure が一般的です。
　名詞　**assurance** は「保証、請け合い、確信、自信、厚かましさ、生命保険」など。
　形容詞　**assured** は「保証された、確実な」など。
　be assured of …を確信する。（be sure of より formal な言い方）

Examples

① **I assure you of her safety.**
彼女が無事であることを**保証します**。

② **I am assured of his innocence.**
彼が無実であると**確信している**。

I am assured that he is always fair and upright.
私は彼が常に公明正大であると**確信している**。

③ **The news assured them.**
その知らせで彼らは**安心した**。

④ **This assures his success in the examination.**
これが試験での彼の成功を**確実なものとします**。

⑤ **He assured his life with the company.**
彼はその会社の生命**保険をかけた**。

UNIT-62　　CD ▶ 056

attach　[ətǽtʃ]　動

一番左の 原義 から連想して 7つ の意味をとらえよう！

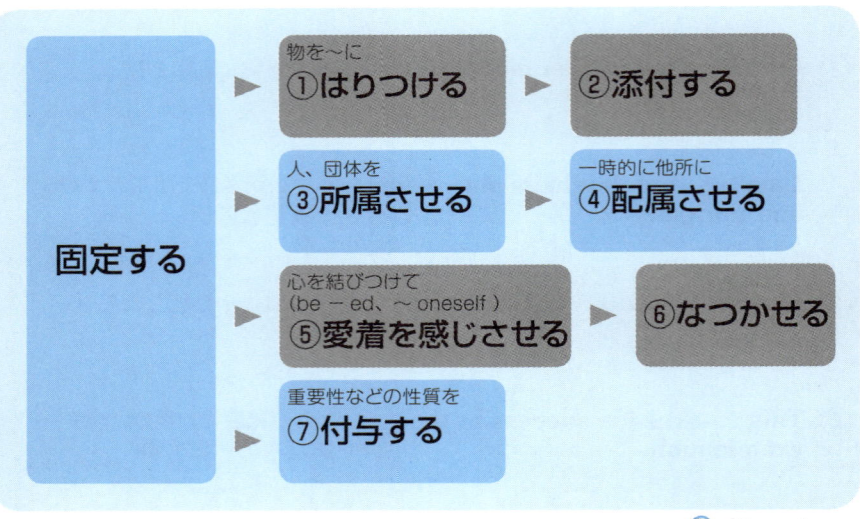

```
                        物を～に
                    ①はりつける  ►  ②添付する

                        人、団体を
                    ③所属させる  ►  一時的に他所に
固定する                              ④配属させる

                        心を結びつけて
                    (be－ed、～oneself)
                    ⑤愛着を感じさせる  ►  ⑥なつかせる

                        重要性などの性質を
                    ⑦付与する
```

類 affix, assign
反 detach

ポイント！　**attach** は「しっかり取り付ける」こと。荷札のような具体物の取り付けから、人を配属させたり、学校、病院を付属的に設置したりという場合、さらに人の思いなどがぴったりと貼りつくイメージから、愛着を持つことにつながっていきます。

④の「配属させる」は、長期配属の場合には **assign**。

名詞 **attachment** は「取り付け、付着、付属物、心の傾倒、愛着」など。

また、**detach**「引きはなす、はずす、取り外す、分離する、派遣（分遣）する」も関連して覚えると良いでしょう。

Examples

① **Be sure to attach the name tags to your belongings.**
必ず身の回り品に名札を**はりつけ**なさい。

② **Attach your recent photograph here.**
最近撮った写真をここに**添付する**こと。

③ **The student is attending the high school attached to the university.**
その生徒はその大学に**所属する**高校に通っている。

④ **She was attached to the general affairs section.**
彼女は総務部に**配属された**。

⑤ **He was deeply attached to his deceased wife.**
彼は亡くなった妻に**愛着を感じていた**。

⑥ **The stray kitten attached itself to me.**
その迷いごの子猫は私に**なついた**。

⑦ **They attach great importance to politics.**
政治に大いなる重要性を**付与する**。

UNIT-63   CD ▶ 057

decline [dikláin] 動

一番左の 原義 から連想して 7つ の意味をとらえよう！

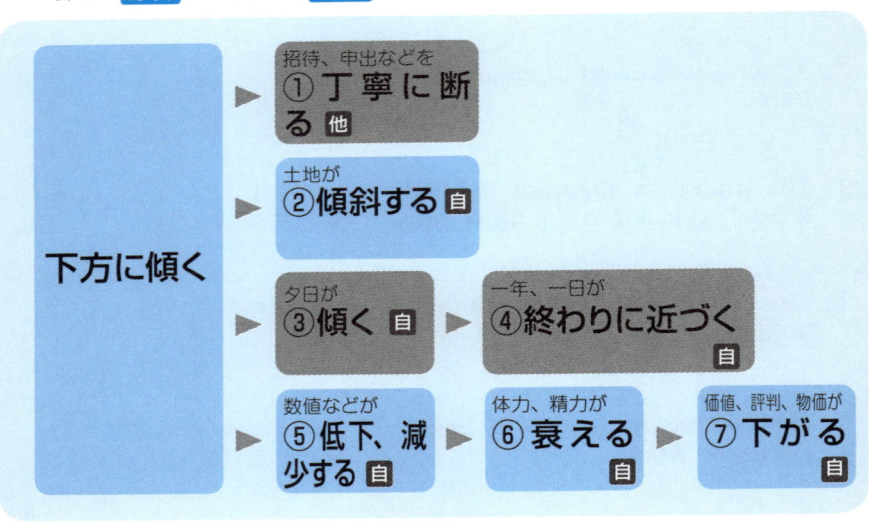

下方に傾く
- 招待、申出などを ① 丁寧に断る 他
- 土地が ② 傾斜する 自
- 夕日が ③ 傾く 自 → 一年、一日が ④ 終わりに近づく 自
- 数値などが ⑤ 低下、減少する 自 → 体力、精力が ⑥ 衰える 自 → 価値、評判、物価が ⑦ 下がる 自

類 refuse, turn down, slope, slant, droop, slump, worsen

ポイント！ de (= down)「下に」cline (= bend)「曲がる」、つまり下方へ傾くこと、傾けること、下がること、衰えること、誘いを受け取らず戻すこと、つまり断ることをいいます。

「断る」の意味では、refuse が強い調子で断ることで、reject はさらに強い語調できっぱりと断ることをいいます。これらに対し、decline は穏やかに礼儀正しく断ることです。

名詞 declination は「傾斜、下降、正式な辞退、丁寧な断り、基準からのずれ、逸脱」など。

Examples

① **She declined his invitation to dinner.**
彼女は彼の夕食への招待を丁寧に断った。

② **The valley declines gently to a plain.**
その谷は平野へゆるやかに傾斜している。

③ **The sun had declined to the horizon.**
太陽は地平線に傾いた。

④ **This painting is a masterpiece from his declining years.**
この絵は彼の終わりに近づく年の（晩年の）代表作です。

⑤ **The number of accidents declined slightly.**
事故の数が若干減少した。

⑥ **His health is declining these days.**
彼の健康はこのところ衰えてきた。

⑦ **His reputation is declining.**
彼の評判は下ってきている。

The price is declining.
物価は下がっている。

UNIT-64　　CD ▶ 058

dispose

[dispóuz]　動

一番左の 原義 から連想して 6つ の意味をとらえよう！

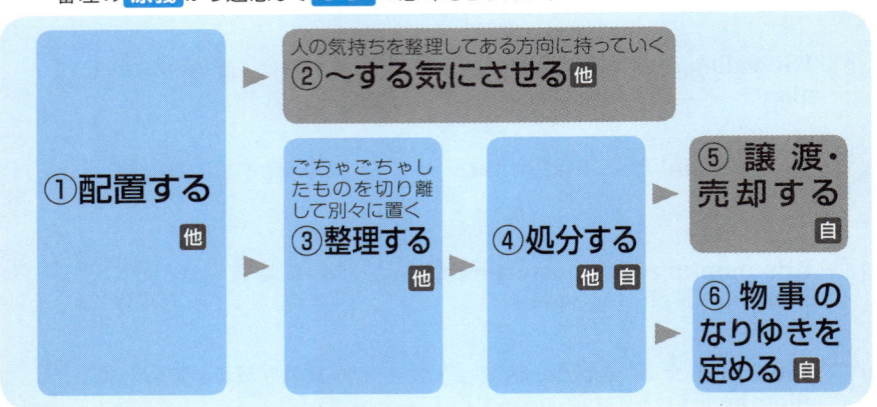

- ① 配置する 他
- 人の気持ちを整理してある方向に持っていく
  ② 〜する気にさせる 他
- ごちゃごちゃしたものを切り離して別々に置く
  ③ 整理する 他
- ④ 処分する 他 自
- ⑤ 譲渡・売却する 自
- ⑥ 物事のなりゆきを定める 自

類 place, post, station, inclined to, arrange, discard, clear up decide, determine

ポイント！　dispose は dis「分離」して pose（put）「置く」ことから、単純に置くというよりは、これはここと意図的に配置することです。（pose の仲間には position 場所、suppose 下に置く→推測する、propose 前に置く→提案する などがあります）

　物を配置したり、整理したり、その結果、処分したり…スムーズに連想が展開しますが、②のように、人の気持ちを何かをしたい気持ちに配置するとは、いかにも英語らしい表現ですね。（この場合の主語はその時の状況などの無生物主語です。漠然とその気分にさせられる場合は例文のように受動態で表現します）

　名詞の「気質」、「処分」といった本来かけ離れた意味も、これで違和感なく理解できることでしょう。

　名詞 disposition「性質、気質、配置、処分」など、disposal「配置、配列、処分、処理、始末、売却、譲渡」など。disposal bag は乗り物などに備え付けてある汚物処理袋のこと。

　形容詞 disposable は「処分できる、処理できる」など。

Examples

① **Soldiers were disposed for the battle.**
兵士が戦場に**配置された**

② **I'm not disposed to go shopping today.**
私は今日、買い物に**行く気がしない**。

③ **They are disciplined to dispose books in order.**
彼らは本をきちんと**整理する**ことを躾けられている。

④ **Disposing of nuclear wastes is a critical agenda of this meeting.**
核廃棄物を**処分する**ことは今回の会議の重要な議題です。

⑤ **The institution had no option but to dispose of its assets.**
その協会は資産を**売却する**ほかなかった。

⑥ **Man proposes, God disposes.**
(諺)人が企て、神が**決する**。

UNIT-65 CD ▶ 059

dispute [dispjúːt] 動

一番左の 原義 から連想して 6つ の意味をとらえよう！

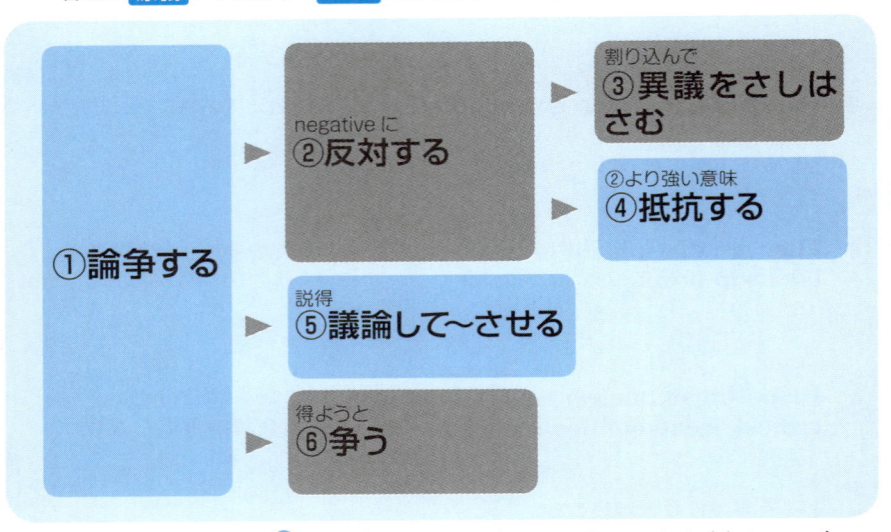

① 論争する
→ negative に ② 反対する
　→ 割り込んで ③ 異議をさしはさむ
　→ ②より強い意味 ④ 抵抗する
→ 説得 ⑤ 議論して〜させる
→ 得ようと ⑥ 争う

類 quarrel, argue, wrangle, contradict, contest, debate, question

ポイント！ dis「別々」に pute（= think）「考える」、別々に考える、言い争いをすることをいいます。argue は理論や証拠に基づき意見を主張すること、discuss は友好的に意見を交わし討論することに対し、dispute は感情的対立を含むことが多いことに注意しましょう。

④のような比喩的用法は一見とりつきにくいものですが、dispute の根本の意味を把握すれば、すんなりと理解されることでしょう。

自動詞の dispute は「討論する、論争する、口論する」など。

名詞の dispute は「議論、口論、論争、紛争」など。

Examples

① **They are always disputing how to bring up their children.**
彼らはいつも子育ての仕方で議論してばかりいる。

② **Her parents are disputing her marriage.**
彼女の両親は結婚に反対している。

③ **Some people disputed the proposal.**
その提案に異議をさしはさんだ人々もいた。

④ **Its rocky seacoast disputed a landing by the enemy.**
岩の多い海岸が敵の上陸に抵抗した(阻んだ)。

⑤ **They disputed him into giving up the plan.**
彼らは彼と議論してその計画をやめさせた。

⑥ **These two tribes have been disputing every inch of ground.**
これらの2つの種族は、わずかの土地も奪われまいと争ってきた。

eliminate [ilímənèit] 動

一番左の 原義 から連想して **6つ** の意味をとらえよう！

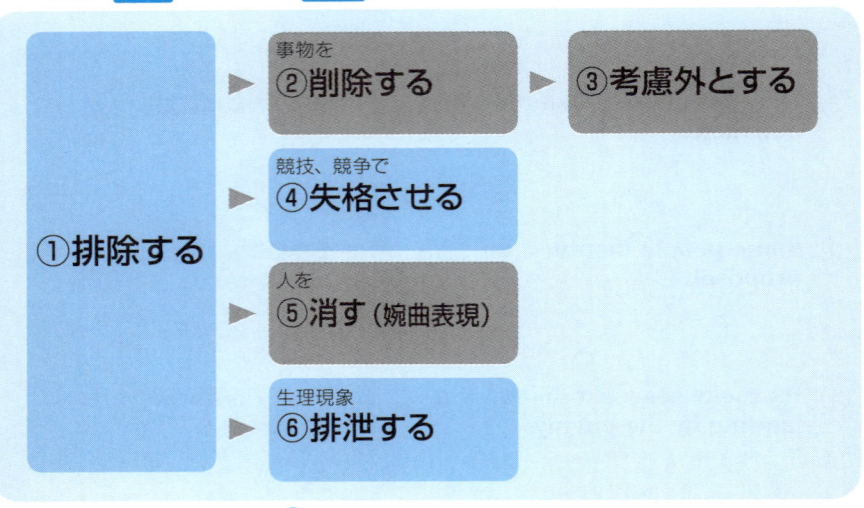

① 排除する
- 事物を ② 削除する ▶ ③ 考慮外とする
- 競技、競争で ④ 失格させる
- 人を ⑤ 消す（婉曲表現）
- 生理現象 ⑥ 排泄する

類 exclude, expel, remove, ignore, eradicate, secrete, excrete

ポイント！ eliminate は、もともとは「戸外へ放り出す、排除する」こと。「取り除く」という意味での一般的な語は **remove**。また、仲間から「排除する、考えから除く」という意味では **exclude** もよく使われる類義語です。

欠陥、間違い、不適切な言葉などといったもともと排除すべきもののほか、可能性、必要性、機会をなくすことにも使われます。また、人を目的語にとると、単にその人を排除することだけでなく、殺すことまで意味します。さらに競争で落とされていくことや、生理現象の排泄のほか、様々な状況で「排除する」意味をもとにして、eliminate が使われます。

名詞 **elimination** は「排除、除去、削除、抹殺、（数学の）消去（法）、排泄、脱落、競技の予選」など。

Examples

① **He dedicated himself to eliminating poverty in that region.**

彼はその地方の貧困を排除することに尽力した。

② **You need to eliminate improper words from your paper.**

あなたはレポートから不適切な言葉を削除する必要があります。

③ **In this case, we should eliminate personal consideration.**

この件では、個人的な問題を考慮外とすべきです。

④ **She was eliminated in the preliminaries.**

彼女は予選で失格させられた。

⑤ **The villain eliminated several men who stood in his way.**

その悪党は彼のじゃまをした人間を何人か消した。

⑥ **He desperately tried to eliminate toxins from his body.**

彼は毒物を体から排泄しようと必死だった。

flatter [flǽtər] 動

一番左の 原義 から連想して 6つ の意味をとらえよう！

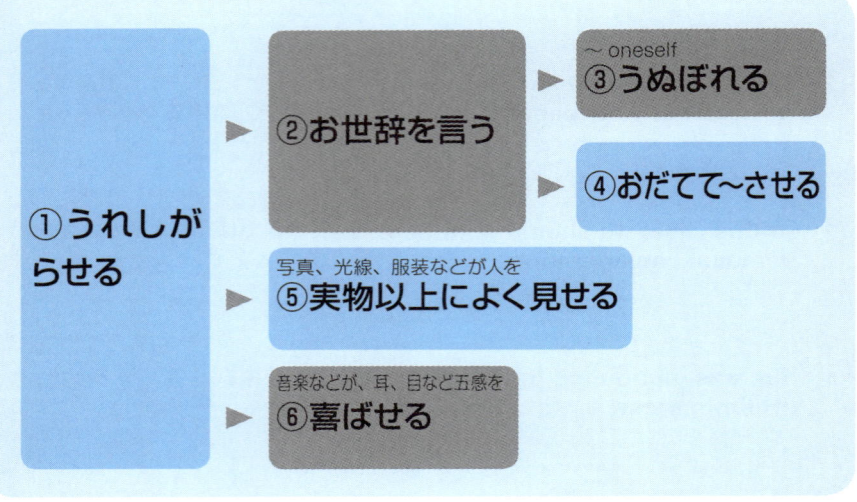

① うれしがらせる
→ ② お世辞を言う
　→ ~ oneself ③ うぬぼれる
　→ ④ おだてて~させる
→ 写真、光線、服装などが人を ⑤ 実物以上によく見せる
→ 音楽などが、耳、目など五感を ⑥ 喜ばせる

類 fawn, adulate, overpraise, overestimate, exaggerate, cajole, coax

ポイント! flatter は目的語を「うれしがらせる、喜ばせる」ことです。②の、人に「お世辞をいって喜ばせる」というのが、分かりやすい用法ですが、⑤や⑥ように、無生物が主語や目的語となる表現には、いかにも英語表現らしい面白さがありますね。

自動詞の **flatter** は「おだてる、おもねる」。

形容詞 **flattering** は「うれしがらせる、お世辞の、へつらいの、実際よりよく見せる」など。

名詞 **flattery** は「お世辞(の言葉)、へつらい」、**flatterer** は「お世辞のうまい人」。

Examples

① **I feel flattered by your invitation.**　　ご招待にあずかり大変うれしく存じます。

② **He always flatters his boss.**　　彼はいつも上司にお世辞を言っている。

③ **Don't flatter yourself.**　　うぬぼれてはいけません。

④ **I flattered her into singing.**　　私は彼女をおだてて歌を歌わせた。

⑤ **This photo flatters her.**　　この写真は実際の彼女よりも良く撮れている。

⑥ **Flattering the senses to the full is helpful to get rid of stress.**　　五感をとことん楽しませることはストレスを解消するのに役立ちます。

UNIT-68　　**CD ▶ 062**

fulfill

[fulfíl]　　動

一番左の 原義 から連想して 5つ の意味をとらえよう！

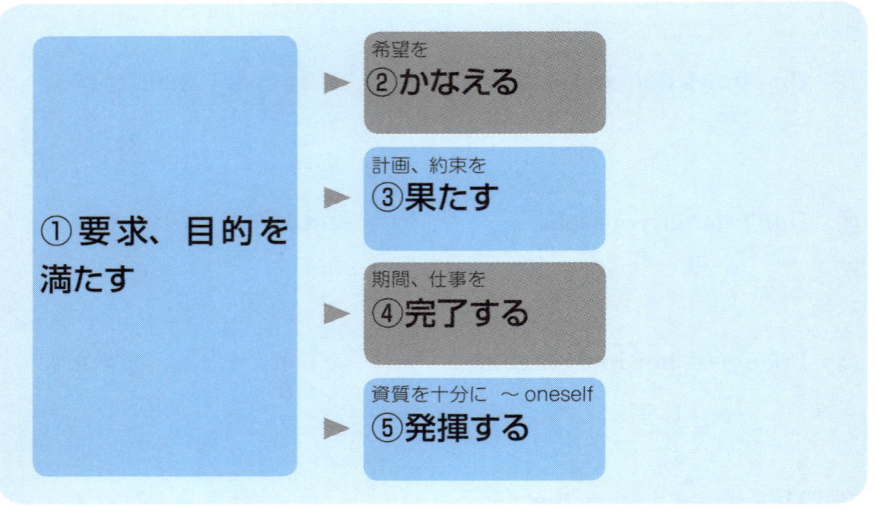

① 要求、目的を満たす

▶ 希望を
② かなえる

▶ 計画、約束を
③ 果たす

▶ 期間、仕事を
④ 完了する

▶ 資質を十分に　〜 oneself
⑤ 発揮する

類 satisfy, realize, execute, carry out

ポイント！　fulfill は文字どおり、ful「十分に」、fill「満たす」ことから、「要求、目的を十分に満たす」ことをいいます。

形容詞 fulfilled は「(人生、仕事に) 充足して」、fulfilling は「充足感を与えてくれる」。名詞 fulfillment は「達成感、充実感、やりがい」など。

ちなみに satisfaction は希望がかなえられたときに感じられる満足感であり、contentment は現状に不満はないという意味合いでの満足感であり、fulfillment は何かをやり遂げたときに感じる満足感というより達成感です。

Examples

① **You must fulfill the conditions to be a regular member of the club.**

そのクラブの正会員になるには条件を満たさなければなりません。

② **He fulfilled his hope of winning the championship.**

彼は優勝するという希望をかなえた。

③ **The government narrowly fulfilled its original promises.**

政府はかろうじて当初の公約を果たした。

④ **He fulfilled the duty of the chairman.**

彼は議長の職を完了した(全うした)。

⑤ **You are lucky to get the job to fulfill yourself.**

自分の素質を十分に発揮できる職に就けて、あなたは恵まれています。

impose [impóuz] 動

一番左の 原義 から連想して 5つ の意味をとらえよう！

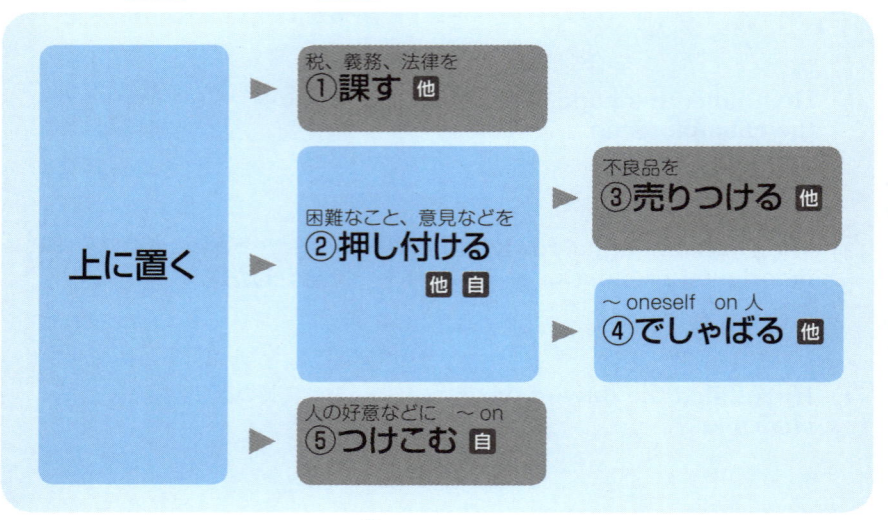

上に置く

▶ 税、義務、法律を
① 課す 他

▶ 困難なこと、意見などを
② 押し付ける 他 自
　▶ 不良品を
　③ 売りつける 他
　▶ ～ oneself on 人
　④ でしゃばる 他

▶ 人の好意などに ～ on
⑤ つけこむ 自

類 tax, burden, levy, force, take advantage of, obtrude

ポイント！ **im**（=on）、**pose**（=put）から原義は「上に置く」ですが、この原義から現在では、仕事や義務、税金や罰金などを課したり、意見や、条件、粗悪なものを他人に押し付けたりする意味で使われます。

用例⑤は自動詞用法で、**impose on**（**upon**）～で、その上にのしかかる→つけこむこととなります。

形容詞の **imposing** は「堂々とした、壮大な、印象的な」など。

名詞 **imposition** は「課すこと、課税、つけこむこと、詐欺」など。

Examples

① **The government has imposed the new tax on imported cars.**

政府は輸入車に新税を課した。

② **You should not impose your values on others.**

他人に自分の価値観を押し付けるべきではありません。

I don't want to impose, but you should apologize to him soon.

押し付ける気はないけれど、彼にすぐ謝った方がいいですよ。

③ **He was accused of imposing inferior goods on his customers.**

彼は客に粗悪品を売りつけたことで責められた。

④ **You had better not impose yourself on others.**

君はでしゃばらない方がいいよ。

⑤ **They imposed on her ignorance by undertaking to renovate her house.**

彼らは彼女の無知につけこんで、彼女の家のリフォームを請け負った。

launch [lɔ́:ntʃ] 動

一番左の 原義 から連想して 8つ の意味をとらえよう！

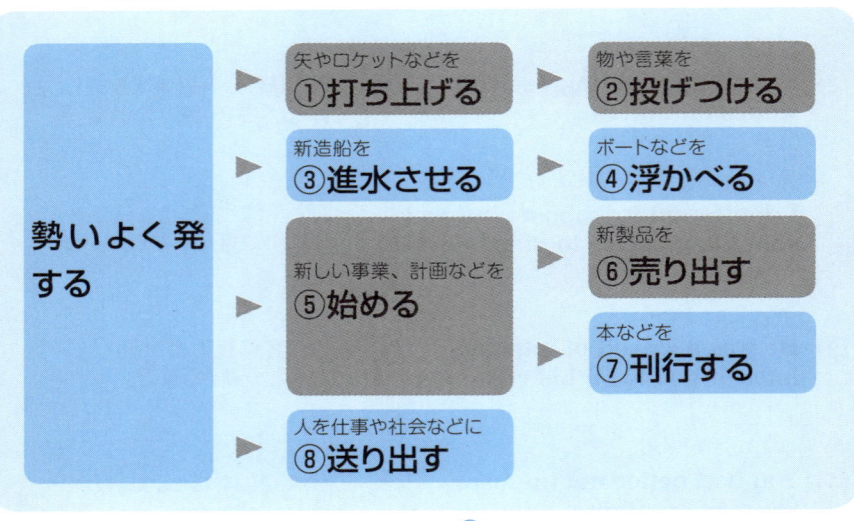

勢いよく発する
- 矢やロケットなどを ①打ち上げる
- 物や言葉を ②投げつける
- 新造船を ③進水させる
- ボートなどを ④浮かべる
- 新しい事業、計画などを ⑤始める
- 新製品を ⑥売り出す
- 本などを ⑦刊行する
- 人を仕事や社会などに ⑧送り出す

類 hurl, throw, cast, float, start, get going

ポイント！ launch のもとは、lance「やり」です。つまり launch は、やりを投げる動作から、「勢いよく投げる、発する」ことです。ロケットを打ち上げたり、新規に船、仕事、製品、人などを送り出すことを表現するのにぴったりの単語です。
　名詞としては「発射、進水、着手、発売、刊行」など。
　launcher は「発射台、発射装置」。

Examples

① **The country finally succeeded in launching a rocket.**

その国はついにロケット打ち上げに成功した。

② **They launched reproaches against him.**

彼らは彼に非難を投げつけた(浴びせた)。

③ **The cargo ship is to be launched tomorrow.**

その貨物船は明日進水することになっています。

④ **In those times, nobles used to enjoy beautiful scenery, launching small boats.**

その当時、貴族たちは小舟を浮かべて、美しい景色を楽しんだものだ。

⑤ **They are preparing for launching a new business.**

彼らは新事業を始める準備をしている。

⑥ **The cosmetic maker is going to launch a new product.**

その化粧品会社は新製品を売り出す予定だ。

⑦ **They are planning to launch a new literary magazine.**

彼らは新しい文芸雑誌を刊行することを計画している。

⑧ **He was launched into the hottest competition of developing new products.**

彼は新製品開発の熾烈な競争に送り出された(投入された)。

manipulate

[mənípjulèit] 動

一番左の 原義 から連想して 4つ の意味をとらえよう！

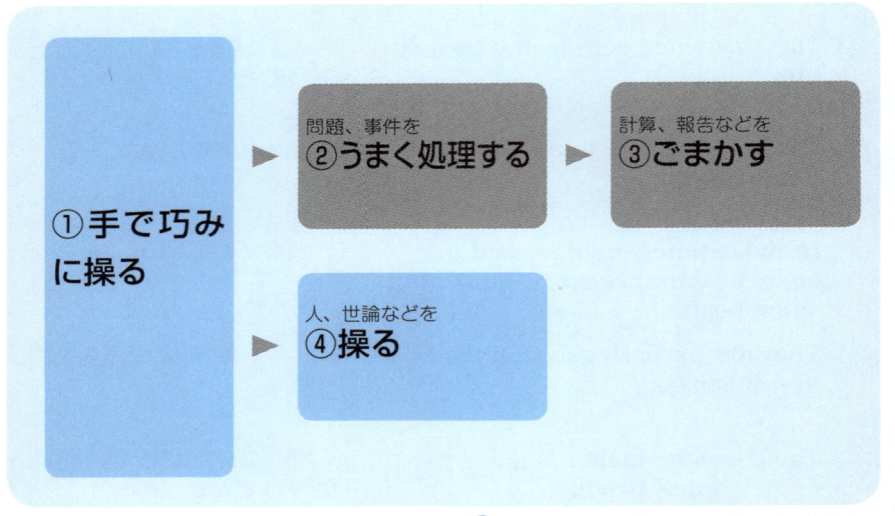

① 手で巧みに操る
→ 問題、事件を ② うまく処理する → 計算、報告などを ③ ごまかす
→ 人、世論などを ④ 操る

類 operate, control, manage, juggle, falsify

ポイント！ mani は「手」のこと、ですから manipulate は「手で巧みに操る」こと。manual は「手の、手動の」、manuscript は「手書きの」、manufacture「作る、製造する」ことでしたね。

　手で巧みに操ることから巧妙に操作して自分の都合のいいようにごまかす意味が生まれてきます。

　名詞 manipulation は「巧妙な扱い、操作、ごまかし、改ざん、市場操作」など。
　形容詞 manipulative は「手先の、巧みに扱う、ごまかしの」など。

Examples

① **He fascinated people by manipulating a puppet exquisitely.**

彼は人形を**手で巧みに操って**、人々を魅了した。

They are well trained to manipulate the control of an aircraft.

彼らは航空機を**巧みに操縦する**ようしっかり訓練されている。

② **The detective manipulated the affair skillfully.**

探偵はその事件を**うまく処理した**。

③ **He was accused of manipulating accounts.**

彼は会計を**ごまかした**として訴えられた。

④ **In that case, it is obvious that the media manipulated public opinion.**

その事件の場合、マスコミが世論を**操った**ことが明らかだ。

UNIT-72　CD ▶ 066

observe [əbzə́ːrv] 動

一番左の 原義 から連想して 5つ の意味をとらえよう！

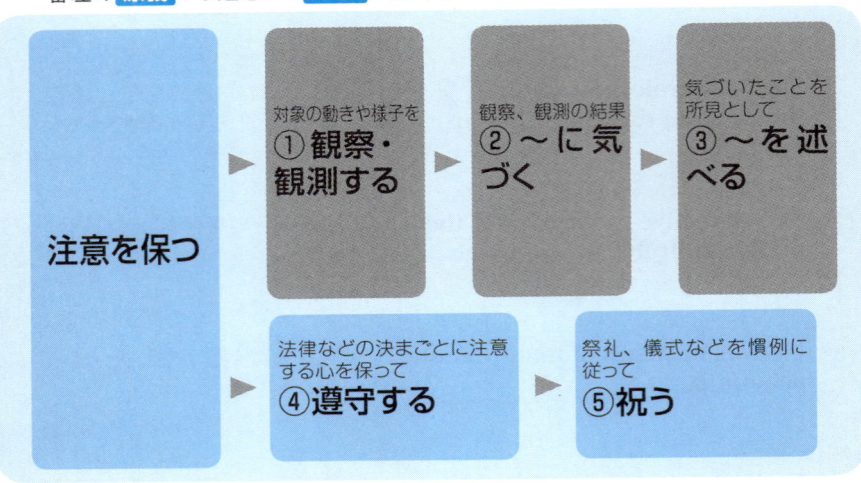

注意を保つ

→ 対象の動きや様子を ① **観察・観測する**

→ 観察、観測の結果 ② **〜に気づく**

→ 気づいたことを所見として ③ **〜を述べる**

→ 法律などの決まごとに注意する心を保って ④ **遵守する**

→ 祭礼、儀式などを慣例に従って ⑤ **祝う**

類 watch, notice, acknowledge, remark, respect, abide by, obey, follow, keep, execute, perform, celebrate

ポイント！ observe は ob「対象に向かって」、serve（=keep）「保つ」こと、「目や心をそちらに向け続ける」こと、したがって「観察する」へ、さらに自分の観察したことを「述べる」へ、また、決まりごとに注意を保って「遵守する」へ、さらに慣例に注意や敬意を保って、「祝う」へと意味が発展します。

名詞 observation は「観察、注目、観測、診察、意見、所見」など。また、observance は「遵守、慣例、儀式」など。observatory は「天文台、観測所、展望台」、observer は「会議の立会人、観察者、見学者」。

形容詞 observable は「観察できる、目立つ、注目すべき、守るべき」など。observing は「注意深い、観察力の鋭い、観察に従事している」など。

Examples

① **She observed his action with interest.**

彼女は彼の行動を興味深く**観察した**。

Observe how I use this.

私がこれをどう使うか**観察しなさい(見ていなさい)**。

② **Several people have observed a stranger walking around the neighborhood.**

見知らぬ人が近隣を歩き回っているのに何人かは**気づいていた**。

③ **Participants observed their ideas on the subject.**

参加者はその問題について見解を**述べた**。

④ **We must observe the rules.**

私たちは規則を**遵守し**なければならない。

⑤ **They observed the 100th anniversary of opening the port.**

開港100年祭を**祝った**。

UNIT-73　　CD ▶ 067

proceed　　[prəsíːd]　動

一番左の 原義 から連想して 6つ の意味をとらえよう！

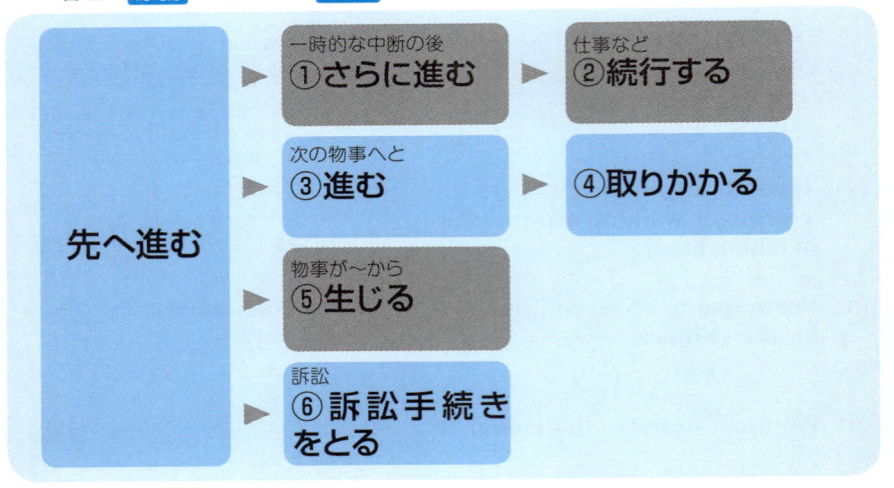

先へ進む
- 一時的な中断の後 ①さらに進む ▶ 仕事など ②続行する
- 次の物事へと ③進む ▶ ④取りかかる
- 物事が～から ⑤生じる
- 訴訟 ⑥訴訟手続きをとる

類 continue, progress, advance, result, issue, arise, emanate

ポイント！ proceed は本来あるところまで到達した後、「さらにその先へ進む」ことをいいます。また、**advance** は「前に進む」ことを表す一般的な語で、**progress** は目標や次の段階へ向かって「進歩する」ことです。

名詞 **proceeds**（複数形）は [próusiːdz] と発音し、「物事から生じる結果、（商取引などから生じる）収入、売上（高）」などの意味。

名詞 **proceeding** は「進行、処置、取引」、**proceedings** は「法的手続き、議事録、（一連）の出来事、なりゆき」など。

名詞 **procedure** は「手順、順序、処置、処分、正式な手続」など。

名詞 **procession** は「行列、列、行進、前進、進行」など。

また、**process**（名詞として）「過程、進展、方法、手順」、（動詞として）「処理する、加工する」も関連語として覚えましょう。

Examples

① **Please proceed to Gate 1.** 　　1番ゲートに**お進み下さい**。

Proceed along the road. 　　道に沿ってさらに**進みなさい**。

② **The caravan proceeded on a journey.** 　　一団は旅を**続行した**。

The scientists proceeded with their work under adverse circumstances. 　　その科学者たちは逆境の中、仕事を**続行した**。

③ **We then proceeded to elect our representatives.** 　　私たちはそれから代表の選出に**進んだ**。

④ **Don't waste time. Proceed to the next task.** 　　時間を無駄にせず、次の仕事に**取りかかりなさい**。

⑤ **Heat proceeds from fire.** 　　熱は火から**生じる**。

⑥ **They will soon proceed against him for neglect of duty.** 　　彼らはすぐに職務怠慢のため彼を**訴える手続きをとる**だろう。

UNIT-74　CD ▶ 068

pursue [pərs(j)úː]　動

一番左の 原義 から連想して 6つ の意味をとらえよう！

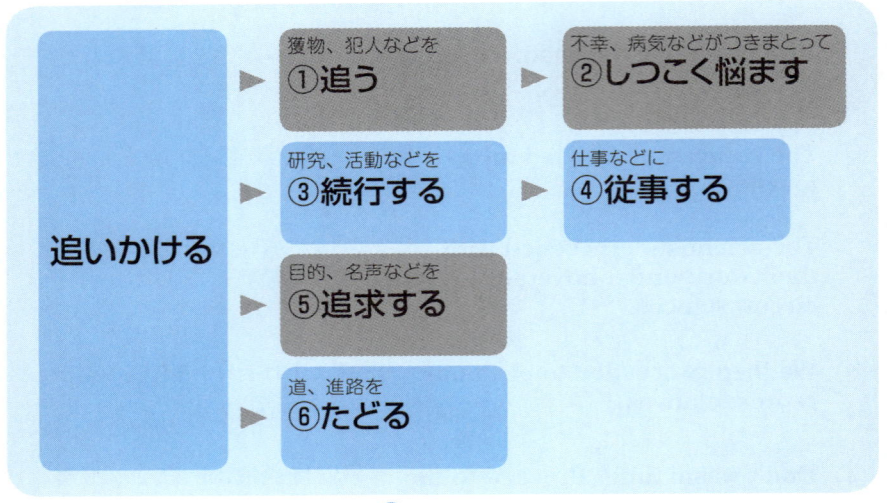

追いかける

- 獲物、犯人などを
  ① 追う
  → 不幸、病気などがつきまとって
  ② しつこく悩ます
- 研究、活動などを
  ③ 続行する
  → 仕事などに
  ④ 従事する
- 目的、名声などを
  ⑤ 追求する
- 道、進路を
  ⑥ たどる

類 follow, chase, continue, seek after, be engaged in

ポイント！　pursue は明確な目的のもとにどこまでも追跡していくこと。獲物の追跡から研究、名声、娯楽の追求などにも用いられます。follow は後に続く、従うこと、chase は逃げる相手を捕らえようとすること。

名詞 pursuit は「追跡、追求、探求、研究、（従事している）仕事、娯楽、気晴らし」など。

pursuance は「追求、遂行、実行」など。pursuer は「追跡者、実行者、従事者」。

Examples

① **The police are pursuing the criminal.** — 警察はその犯人を追っている。

② **Bad luck pursued him all his life.** — 彼は生涯不幸にしつこく悩まされた(つきまとわれた)。

He was pursued by poverty all his life. — 彼は一生涯貧乏でしつこく悩まされた。

③ **She pursued her studies on local history.** — 彼女は郷土史の研究を続行した。

④ **He is busy pursuing his business.** — 彼は仕事に従事していて忙しい。

⑤ **He pursued fame as a politician.** — 彼は政治家としての名声を追い求めた。

⑥ **She decided to pursue the present course.** — 彼女は現在の針路をたどる(進む)ことに決めた。

qualify

[kwáləfài] 動

一番左の **原義** から連想して **5つ** の意味をとらえよう！

一定の枠に当てはめる
- 人を仕事・地位などに ① **適任とする** → 〜としての ② **資格を与える**
- 意見などに制限を加え ③ **修正する** → 文法上、意味を限定するため ④ **修飾する**
- 〜を分類し ⑤ **〜とみなす**

類 modify, limit, consider, regard

ポイント！ qualify は本来、性質や品質によりある種類に分類することから、「一定の枠に当てはめる」ことをいいます。そこから「制限すること、資格を与えること」さらに、意見などに制限を加えることから、「修正する」へ、また、修飾語で制限することから「修飾する」の意味へとつながります。

自動詞 qualify は「資格を得る、適任である、みなし得る、（スポーツなどで）勝ち残る」など。

（例）**qualify as a voter** 投票権を得る

形容詞 **qualified** は「資格のある、適任の、制限された、条件付きの、手加減された」。

名詞 **qualification** は「資格、免許、制限、条件、留保、ただし書き」など。
qualifier は「資格付与者、有資格者、予選通過者、予選、限定、修飾語」など。

Examples

① **She qualified herself for the job.**　　彼女はその仕事に**適任**である。

② **They are qualified for nursing jobs in Japan.**　　彼らは日本での看護職**資格を与えられている**。

③ **The prime minister later qualified his opinion.**　　首相は後で彼の意見を**修正した**。

④ **Adverbs qualify verbs.**　　副詞は動詞を**修飾する**。

⑤ **They qualified his behavior as self-centered.**　　皆は彼の振る舞いを自己中心的であると**みなした**。

relieve [rilíːv] 動

一番左の 原義 から連想して 9つ の意味をとらえよう！

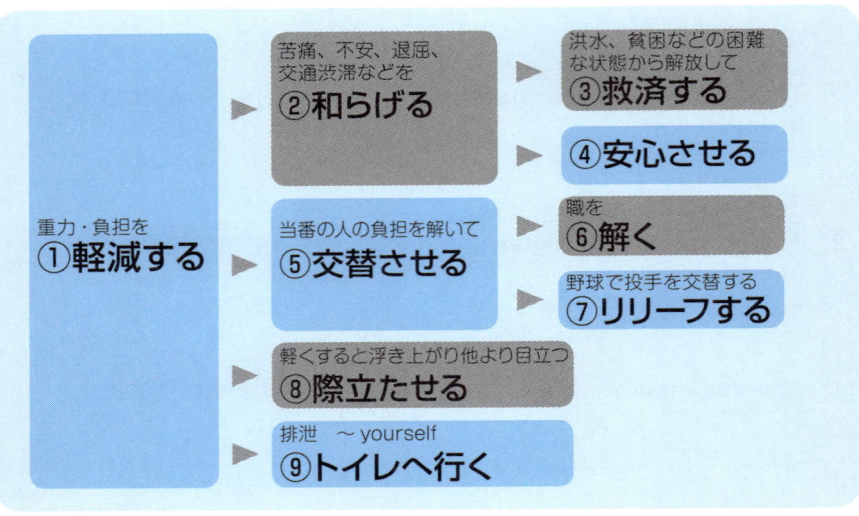

重力・負担を
① 軽減する

→ 苦痛、不安、退屈、交通渋滞などを
② 和らげる

→ 洪水、貧困などの困難な状態から解放して
③ 救済する

→ ④ 安心させる

→ 当番の人の負担を解いて
⑤ 交替させる

→ 職を
⑥ 解く

→ 野球で投手を交替する
⑦ リリーフする

→ 軽くすると浮き上がり他より目立つ
⑧ 際立たせる

→ 排泄 ～ yourself
⑨ トイレへ行く

類 ease, soothe, soften, mitigate, alleviate, palliate, disburden, assuage, allay, lighten

ポイント！ relieve の lieve は「てこ」の lever と同じ語源で、「持ち上げる」ことを意味します。したがって relieve は重さや負担を軽くし、解放してあげることです。その結果⑧のように、まわりから浮き立たせ、際立たせることを意味することもしっくりときます。

自動詞として「救済する、リリーフ投手をつとめる、際立つ」などの意味を持っています。

形容詞 relieved は「ホッとした、安心した」など。

名詞 relief は「(苦痛などの) 軽減、安心 (感)、気晴らし、救済、救援 (物資)、交替 (者)、(野球の) リリーフ、(彫刻の) リリーフ、浮き彫り」など。

Examples

① **May I relieve you of your luggage?** — お荷物の負担を**軽減**しましょうか（お荷物をお持ちしましょうか）。

② **Physical exercises help relieve stress.** — 運動はストレスを**和らげる**ことに役立つ。

Another bridge should be constructed to relieve traffic congestion. — 交通渋滞を**和らげる**ためもう一本橋が建設されるべきだ。

③ **The new law to relieve the victims of the earthquake was enacted.** — 地震の被害者を**救済する**ための新法が制定された。

④ **We are relieved that you are safe.** — ご無事で**安心しました**。

⑤ **The accident occurred just at the time to relieve the watch.** — 見張りを**交替する**ちょうどそのとき事故が起こった。

⑥ **He was relieved of his duties.** — 彼は職務を**解かれた**。

⑦ **The pitcher who relieved the starting pitcher pitched as expected and got credit for their victory.** — 先発投手を**リリーフした**ピッチャーが予想通り投げ、勝利に貢献した。

⑧ **The statue was relieved against the blue sky.** — その像は青空を背景に**際立っていた**。

⑨ **He wanted to relieve himself at that time.** — （婉曲的に）彼はそのとき**用を足したかった**。

restrain [ristréin] 動

一番左の 原義 から連想して 5つ の意味をとらえよう！

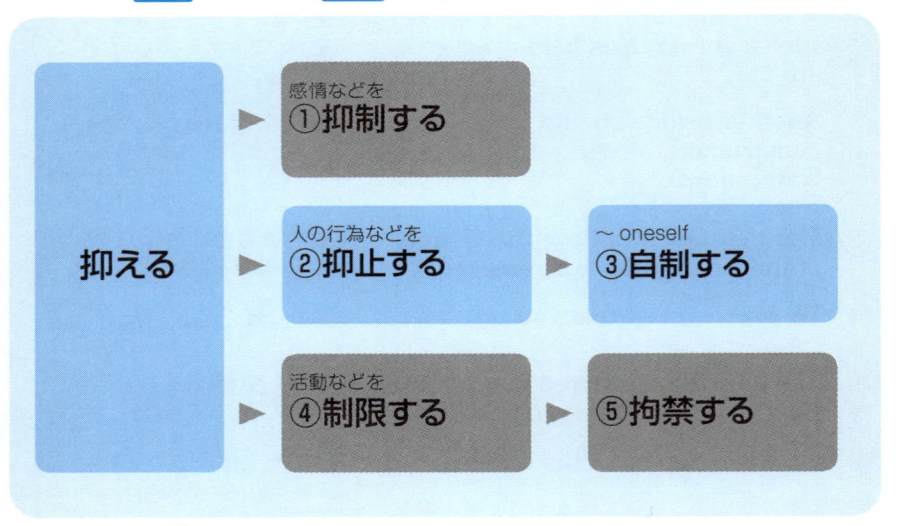

抑える
- 感情などを ①抑制する
- 人の行為などを ②抑止する → ~ oneself ③自制する
- 活動などを ④制限する → ⑤拘禁する

類 check, hold, restrict, hinder, control, prohibit, inhibit, repress, suppress

ポイント! re「後ろ」へ strain「きつく引っ張る」、つまり抑えること。他人や、自分自身の感情や行為を抑えたり、活動に制限を加えることを意味します。restrict も同じ語源で、後ろ側へ締め付けること、つまり「制限する」ことです。

形容詞 restrained は「控えた、控えめな、節度のある、拘束された」。

名詞 restraint は「抑制（力）、自制（心）、遠慮、慎み、節度、制限、禁止、拘束、束縛、シートベルトなどの拘束器具」など。

Examples

① **I could barely restrain my tears.**

私はやっとのことで涙を抑えられた。

② **His mother restrained him from running around at home.**

彼の母親は彼が家で走り回るのを抑止した（させなかった）。

I wonder if the government can restrain deflation.

政府はデフレを抑止できるだろうか。

③ **He could not restrain himself from laughing at that sight.**

彼はその光景を見て笑うのを自制（我慢）できなかった。

④ **The country restrains arms export.**

その国は武器の輸出を制限している。

⑤ **He has been restrained of his liberty since then.**

彼はそれ以来拘禁されている。

retain [ritéin] 動

一番左の **原義** から連想して **5つ** の意味をとらえよう！

保持する
- 物事を ① **持ち続ける** ▶ 水、涙などを保ち続けて ② **せき止める**
- ③ **使用し続ける**
- 記憶など ④ **忘れずに覚えている**
- 弁護士などの専門家を依頼料を払ってかかえる ⑤ **雇う**

類 hold, keep, maintain, restrain, preserve, reserve, store, withhold, remember, recall, recollect

ポイント！ re「後ろ」へ、tain「保つ」、押ししとどめ保持すること。–tain 保つを含む maintain「維持する」、contain「含む、抑える」、abstain「慎む」などの単語と比較すると、retain の「押しとどめる、保持する」という意味がつかみやすくなりますね。

名詞 **retainment** と **retention** は「保持、維持、保有、保留、留置、維持力、記憶力」などの意。

形容詞 **retentive** は「保持する、保持力のある、記憶力のよい」など。

（例）**The old lady has a retentive memory.**
その老婦人は記憶力がよい。

Retainer は「保持者、従者、保持器、(弁護士、アシスタントなどの) 依頼料」など。

Examples

① **She still retains her beauty.**

彼女は相変わらず美しさを保持している。

② **They managed to retain the flood water.**

彼らはなんとか洪水をせき止めた。

The boy endured the pain and retained his tears.

その少年は痛さに耐え、涙をせき止めた(こらえた)。

③ **The actor retains the old name.**

その俳優は昔の通称を使い続けている。

④ **She retains amazingly clear memories of her childhood.**

彼女は幼少の頃の驚くほどはっきりした思い出を忘れずに覚えている。

⑤ **It costs too much to retain a lawyer.**

弁護士を雇うには費用がかかりすぎる。

UNIT-79　CD ▶ 073

seize

[siːz]　動

一番左の 原義 から連想して 7つ の意味をとらえよう！

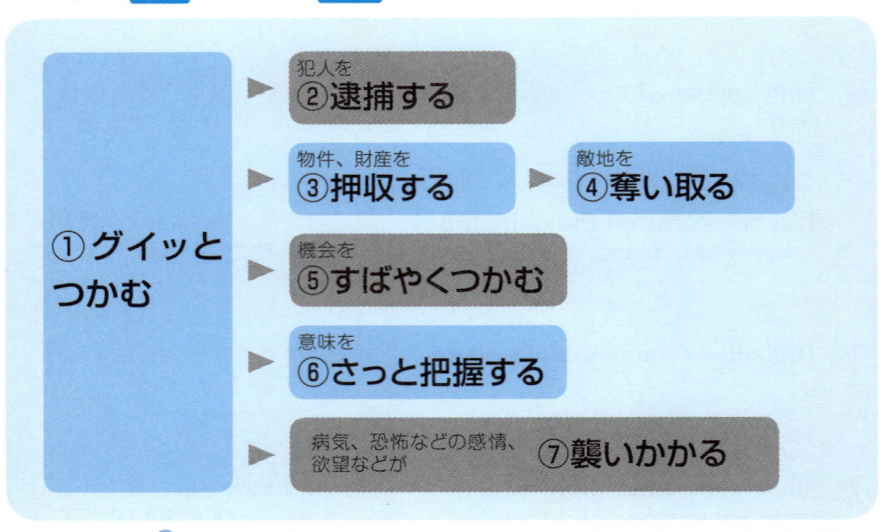

① グイッと
つかむ

- 犯人を
  ② 逮捕する
- 物件、財産を
  ③ 押収する → 敵地を ④ 奪い取る
- 機会を
  ⑤ すばやくつかむ
- 意味を
  ⑥ さっと把握する
- 病気、恐怖などの感情、欲望などが
  ⑦ 襲いかかる

類 grasp, clutch, capture, arrest, confiscate, understand, comprehend, afflict

ポイント！　hold は「つかむ」という意味でのもっとも一般的な単語ですが、seize は素早く力を入れて、グイッとつかむことをいいます。

自動詞としては「物をつかむ、機会をとらえる、案、考えなどに飛びつく、(病気などが人を) 襲う」など。

(例) **He is sure to seize upon any offer.**
きっと彼はどんな申し出にもとびつくはずだ。

名詞 **seizure** は「つかむこと、逮捕、差し押さえ、強奪、占拠、発作」など。

Examples

① **He seized her by the hand.**
彼は彼女の手を**グイッとつかんだ**。

② **Police seized the thief red-handed.**
警察が泥棒を現行犯で**逮捕した**。

③ **Police seized a large quantity of drugs.**
警察は大量の薬物を**押収した**。

④ **The castle was seized by enemy troops.**
城が敵軍によって**奪い取らされた**。

⑤ **He seized every opportunity to develop his business.**
彼は仕事を発展させるため、あらゆるチャンスを**すばやくつかんだ**。

⑥ **Give me a little time to seize the point.**
ポイントを**さっと把握する**のにちょっと時間をください。

⑦ **And then terror seized him.**
それから恐怖が彼を**襲った**。

settle [sétl] 動

一番左の 原義 から連想して 10 の意味をとらえよう！

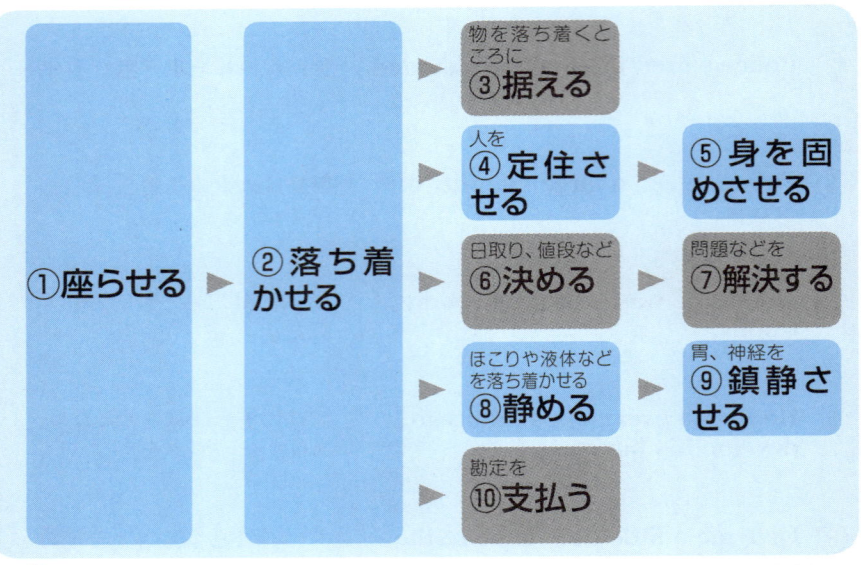

① 座らせる → ② 落ち着かせる
- → 物を落ち着くところに ③ 据える
- → 人を ④ 定住させる → ⑤ 身を固めさせる
- → 日取り、値段など ⑥ 決める → 問題などを ⑦ 解決する
- → ほこりや液体などを落ち着かせる ⑧ 静める → 胃、神経を ⑨ 鎮静させる
- → 勘定を ⑩ 支払う

類 place, locate, colonize, decide, determine, conclude, resolve, reconcile, subside, calm, tranquilize, pay, square

ポイント！ settle は set「座らせる」や seat「イス」と同じ語源から来ています。本来は「座らせる」こと。そこから「人または物事を落ち着かせる」となります。「解決する」の意味では、settle は争いごとや大きな問題に決着をつけること。solve は問題を解いて答えを出すこと。

形容詞 settled は「固定した、確立した、落ち着いた、根深い、勘定済み」など。

名詞 settlement は「身を落ち着けること、定住（地）、定着、定職に就くこと、居住地、解決、和解、（液体が）澄むこと、沈殿」など。

Examples

① He settled his mother in priority seating.

彼は母を優先席に**座らせた**。

② They settled themselves in a new house.

彼らは新居に**落ち着いた**。

③ He settled a camera on a tripod.

彼はカメラを三脚に**据えた**。

④ Probably, he will settle himself in Japan.

おそらく彼は日本に**定住する**ことになるだろう。

⑤ He has just settled himself in life after several years of job-hopping.

彼は数年職を転々とした後、**身を固めた**ところだ。

⑥ The price was settled by considering supply and demand.

供給と需要を検討して値段が**決められた**。

⑦ People made massive efforts to settle the disputes.

人々は紛争を**解決しよう**と非常な努力をした。

⑧ A shower will settle the dust.

ひと雨降れば土ぼこりも**静まるものだ**。

⑨ A dose of this medicine will settle your nerves.

この薬を一服飲めば、神経が**鎮まる**ことだろう。

⑩ You cannot use the water supply unless you settle the utility bill.

水道料金を**支払わなければ**、あなたは水道を利用できません。

suspend [səspénd] 動

一番左の 原義 から連想して 5つ の意味をとらえよう！

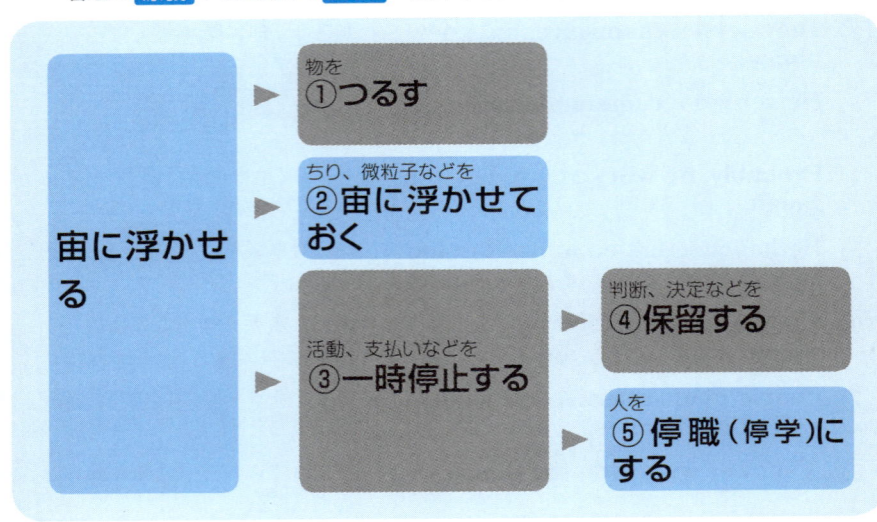

宙に浮かせる
- ► 物を ①つるす
- ► ちり、微粒子などを ②宙に浮かせておく
- ► 活動、支払いなどを ③一時停止する
  - ► 判断、決定などを ④保留する
  - ► 人を ⑤停職（停学）にする

類 hang, dangle, defer, postpone, discontinue, interrupt, exclude

ポイント！ sus「下」に pend「つるす」ことから、ぶらぶら宙にうかせることが原義です。当然何かをつるすことであったり、また、宙をふわふわ浮遊させることや、物事を宙ぶらりんの状態に置くこと、すなわち保留することの意味を持ちます。

自動詞としては「ぶら下がる、浮遊している、（一時）停止する、負債が払えなくなる」など。

名詞 suspension は「宙ぶらりんの状態、停止、中止、保留、停職、停学、車体を支えるバネ装置、サスペンション」など。

suspenders は「ズボンつり」、suspense は「不安、気がかり、未定の状態、（小説の）サスペンス」など。

Examples

① **Splendid chandeliers were suspended from the ceiling.**

豪華なシャンデリアが天井から吊るされていた。

② **The particles of dust were suspended.**

ほこりの粒子が空中に浮遊していた。

③ **It might be better for you to suspend payment of the bills.**

請求書の支払いを一時停止するほうがよいかもしれません。

④ **I would like to suspend judgment just now.**

今のところは判断を保留しておきたいのです。

⑤ **I was suspended from school for a week for smoking.**

喫煙で1週間停学になった。

UNIT-82　　CD ▶ 076

sustain　　[səstéin]　動

一番左の **原義** から連想して **9つ** の意味をとらえよう！

- ①下から支える
  - 重さ、圧力などに ②耐える
    - 損害、障害などを ③被る
    - 困難、被害衝撃に ④屈しない
  - 生命などを ⑤維持する
    - 家族などを ⑥扶養する
  - 活動、興味などを ⑦持続させる
    - 人を ⑧元気づける
  - 主義、主張などを ⑨支持する

類 support, endure, maintain, nourish, assist

ポイント！　sus (sub)「下」で tain (hold)「保つ」、つまり重さや圧力を下から支え、耐えることが大方の意味ですが、③の「被る」は上から有無をいわさずのしかかってくる圧力や重さを支えるというよりは、受け止めざるを得ないことと考えると、「支える」との意味の隔たりが埋められることでしょう。

形容詞 sustainable は「持続できる、維持できる、支持できる」。
（例）**sustainable energy sources**
　　　持続可能なエネルギー資源
名詞 sustainment は「支え、支持、維持、持続」。
sustenance は「（生命維持の）食物、滋養物、生命維持」など。

Examples

① **Heavy piers are being built to sustain the bridge.**

橋を支えるために重い橋脚が立てられている。

② **They managed to sustain financial pressure.**

彼らは何とか財政難に耐えた。

③ **He has sustained a great loss by the bankruptcy of the company.**

その会社の倒産によって彼は大きな損害を被った。

④ **Our company managed to sustain an oil crisis.**

私の会社は何とか石油危機に屈しなかったり（乗り切った）。

⑤ **We need various nutrients to sustain our life.**

私たちが生命を維持するためには様々な栄養物が必要だ。

⑥ **He has worked hard from his youth to sustain his family.**

彼は家族を扶養するために若いころから一生懸命働いてきた。

⑦ **As a teacher, she is very good at sustaining children's interest.**

先生として、彼女は子供達の興味を持続させることに長けている。

⑧ **His story sustained everyone's spirits.**

彼の話でみなの心が元気づけられた。

⑨ **His assertion that he wasn't involved was difficult to sustain.**

自分は関与していないという彼の主張は支持するのが難しかった。

UNIT-83　CD ▶ 077

acquire　[əkwáiər]　動

一番左の 原義 から連想して 4つ の意味をとらえよう！

長時間の努力、行為を通して得る
▶ ①獲得する（富・権利などを）
▶ ②習得する（知識・能力・趣味などを）
▶ ③身につける（習慣・癖などを）
▶ ④評判を買う

類 obtain, secure, gain, get, learn, contract, pick up, earn, establish

Examples

① He finally acquired enormous wealth.
彼はついに莫大な富を獲得した。

② Acquiring a foreign language is not easy.
外国語を習得することは簡単なことではない。

③ The boy has acquired the habit of doing homework soon after getting home.
その少年は帰宅後すぐに宿題をする習慣を身につけている。

④ She has acquired a reputation as a top-ranking interpreter.
彼女は一流の通訳者であるとの評判を買った。

ポイント！ acquire は長い期間の努力や、行為の結果手に入れたり、能力、知識、習慣、趣味などが身につくことを表し、get より堅い語です。

形容詞 acquired は「獲得した、既得の、後天的な」など。acquired immune deficiency syndrome は後天性免疫不全症候群、つまり AIDS のことです。

名詞 acquisition は「獲得、入手、習得、買収、獲得品」などの意味で、mergers and acquisitions（M & A）とは企業の合併・吸収のことです。

UNIT-84 CD ▶ 077

embarrass [imbǽrəs] 動

一番左の **原義** から連想して **4つ** の意味をとらえよう！

困惑させる	▶ 人に	①きまりの悪い思いをさせる
	▶ 問題	②問題をこじらせる
	▶ 金銭面	③金銭的に困らせる
	▶ 身体の機能、器官の正常な働きを	④阻害する

類 abash, bother, trouble, hamper, perplex, complicate, encumber

Examples

① I felt embarrassed in the presence of strangers.
見知らぬ人の前で**きまりの悪い思いをした**。

② These tribal disputes embarrassed affairs.
これらの民族紛争が事態を**問題をこじらせた**。

③ She was financially embarrassed.
彼女は**金銭的に困っていた**。

④ That kind of drug could embarrass our immune system.
その種の薬は免疫システムを**阻害する**可能性があるかもしれない。

ポイント！ embarrass は bar「棒」を入れて妨害する→「困惑させる」ことです。どぎまぎしたり、恥ずかしい思いをしたりする場面を表現するのによく使われます。この場合、(I am) satisfied、interested、surprised、exited と同様、I am embarrassed. というように、普通、受動態で表現します。

形容詞の embarrassing は「当惑させるような、厄介な、ばつの悪い」。当然 embarrassed は「当惑した、きまりの悪い」となります。

名詞 embarrassment は「当惑、困惑、決まりの悪さ、当惑させる人物、財政困難」など。

endure

[ind(j)úər] 動

一番左の 原義 から連想して 4つ の意味をとらえよう！

① 苦痛、困難に耐える 他自
▶ 物や命が ② 持ちこたえる 他自
▶ 解釈などを ③ 許容する 他
▶ 名声などが ④ 続く 自

類 bear, stand, put up with, suffer, last, tolerate, sustain

Examples

① He endured occasional pain after the operation.
彼は手術後にときどき訪れる苦痛に耐えた。

How many days will his life endure?
彼の命は何日耐えるか（もつか）。

② The hut couldn't endure that violent storm.
小屋はあの暴風に持ちこたえなかった。

③ Those provisions endure various interpretations.
それらの条項は多様な解釈を許容する。

④ His fame will endure forever.
彼の名声は永久に続くだろう。

ポイント! endure は苦痛、困難にがまんして耐えることから、時の経過に耐えて持ちこたえること、続くこと、また、耐えて許すこと、つまりその状態を許容することに意味が発展します。

形容詞 endurable は「耐えられる」、enduring は「辛抱強い、永続する、耐久性のある」など。

名詞 endurance は「忍耐（力）、耐久（力）、試練、苦難」など。

UNIT-86　CD ▶ 078

grant　[grænt]　動

一番左の 原義 から連想して 4つ の意味をとらえよう!

① 正式に許可する
→ 要求などを ② 聞き入れる
→ 議論上、好き嫌いは別として ③ (仮に) 認める
→ 正式に権利などを ④ 授与する

類 permit, accept, admit, concede, bestow

Examples

① The bank finally granted me a $300,000 loan.
銀行はやっと私に30万ドルのローンを**許可してくれた**。

② The lord granted their demand for tax reduction only for the year.
領主は減税を求める彼らの要求をその年に限り**聞き入れた**。

③ I grant that you are right, but….
あなたが正しいことは**認める**が…。

④ She was granted a scholarship to study abroad.
彼女は留学のための奨学金を**授与された**。

ポイント!　grant は本来、信じて保証する (guarantee) という意味を持っていました。ですから、何かを保証して「正式に認める」こととなるのです。

accept は与えられたものや事態を認め受け入れること、admit はある場所や組織などへ入ることを認めることがそれぞれの基本の意味です。それに対し grant は願いや要請を法的手続きなどによって正式に承諾することをいいます。

また、承諾して、願いなどを聞き入れ、かなえてあげることとなり、授ける、授与することになります。

名詞の grant は「許可、授与、授与されたもの、交付金、助成金、奨学金」など。
grantee は「許可を与えられた人、奨学金などの受給者」など。

pledge

[pledʒ]　動

一番左の **原義** から連想して **4つ** の意味をとらえよう！

① 寄付、忠誠などを固く約束する
→ ～することを be -ed to do ～oneself to do　**② 誓約する**
→ 必ず返すことを誓うために価値あるものを　**③ 抵当に入れる**
→ 乾杯をしながらその確実性を保証する　**④ 乾杯する**

類 promise, engage, vow, mortgage, toast

Examples

① The country has pledged an $8 million donation.
その国は 800 万ドルの**寄付を固く約束した**。

He pledged us his full support.
彼は全面的な支援を私たちに**固く約束してくれた**。

② He pledged never again to employ violence.
彼は二度と暴力を振るわないと**誓約した**。

③ He pledged his house for a loan.
彼は家を借金の**抵当に入れた**。

④ All of them pledged the bride and bridegroom.
皆、新郎新婦の前途を祝って**乾杯した**。

ポイント!　pledge は本来 security（保証、担保）を意味し、名詞として、「固い約束、誓約、公約、担保（品）、抵当（物）、質草、証」などの意味で使われます。したがって、動詞 pledge は「固く約束する」ことをいいます。

「約束する」の類義語で 最も一般的で広い意味範囲で用いられるのは promise ですが、そのほか「神などに誓う」vow、「宣誓する」swear があります。

resign [rizáin] 動

一番左の 原義 から連想して 4つ の意味をとらえよう！

① 断念する

▶ 公式に職、地位などを ②辞任(辞職)する
▶ 権利などを ③放棄する
▶ 運命、状況などに 〜 oneself ④甘んじて従う

類 give up, withdraw, retire, renounce, submit

Examples

① He was forced to resign all hope.
彼はすべての希望を断念せざるを得なかった。

② He has no choice but to resign his job.
彼は辞職するよりほかない。

③ She resigned her inheritance rights.
彼女は相続権を放棄した。

④ He resigned himself to his fate.
彼は運命に甘んじて従った。

ポイント! re「再び」sign (mark)「署名する」から、再び署名して辞する、断念することです。sign の関連語には assign「割り当てる」、design「図案を作る」があります。

「職を辞する」という意味の resign の類義語に、retire がありますが、retire は定年や老齢による退職をいいます。

自動詞 resign としては「辞職する、退く」など。

名詞 resignation は「断念、あきらめ、辞職、辞任、放棄、忍従」など。

UNIT-89　　CD ▶ 080

undertake [ʌ̀ndertéik] 動

一番左の **原義** から連想して **4つ** の意味をとらえよう！

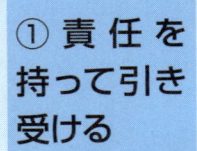

① 責任を持って引き受ける ▶ ② 着手する
▶ 〜することを ③ 請け合う ▶ 〜であることを ④ 保証する

類 accept, tackle, engage in, embark on, launch, promise

Examples

① I undertook to persuade him to join our party.
　私は彼を説得して我々の側に加わらせることを**引き受けた**。

② The government has finally undertook pension reform.
　政府はようやく年金改革に**着手した**。

③ She undertook to come to the place.
　彼女はその場に来ると**請け合った**。

④ I can't undertake that you will win.
　君が勝てるかどうか**保証はできない**。

ポイント！ 文字どおり under「下」で take「取る」で、身に引き受けることをいいます。take にも「引き受ける」という意味がありますが、undertake には困難や努力、責任を伴うニュアンスがあります。
　自動詞としては「責任を負う」。
　undertaker は「葬儀屋」。
　undertaking は「事業、企て、仕事、約束、保証、葬儀屋業」など。

urge

[əːrdʒ] 動

一番左の 原義 から連想して **4つ** の意味をとらえよう！

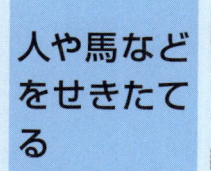

人や馬などをせきたてる ▶ ①駆り立てる ▶ ②〜するよう勧める

▶ ③主張する（必要性を） ▶ ④要求する

類 press, push, solicit, plead, instigate, exhort, stress

Examples

① The idea urged him to the task.
その考えが彼を仕事にせき立てた（駆り立てた）。

② He was urged to accept the offer.
彼は申し出を受け入れるよう勧められた。

③ They urged that the countermeasures should be taken.
彼らは対応策が講じられるよう主張した。

④ The abductors urged release of their fellows in prison.
誘拐犯達は収監中の仲間の釈放を要求した。

ポイント！ urge はせき立て何かをさせようとすること。
自動詞としては「（空腹、恐怖などが）刺激する、駆り立てる、主張する、懇願する」。
名詞としては「衝動、駆り立てられる欲望」。
urgent「切迫した、緊急の」は urge からきている形容詞です。

acute [əkjúːt] 形

一番左の 原義 から連想して **7つ** の意味をとらえよう！

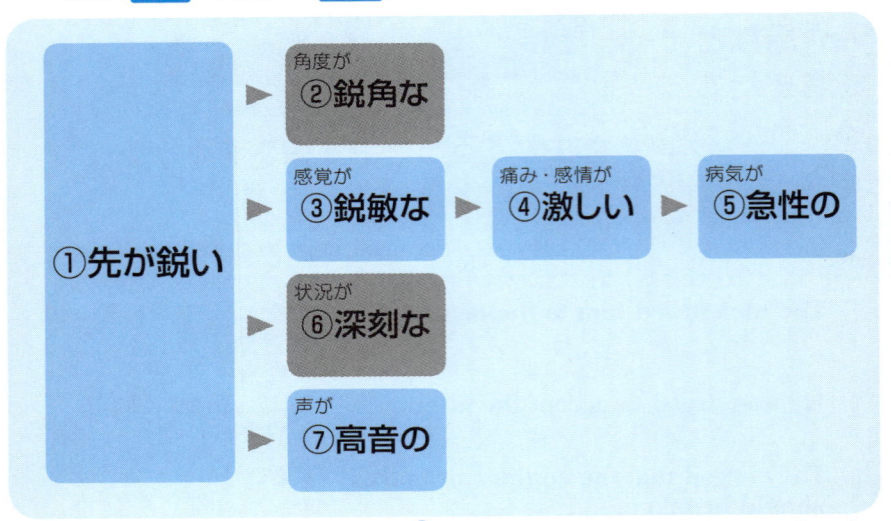

① 先が鋭い
- 角度が ② 鋭角な
- 感覚が ③ 鋭敏な → 痛み・感情が ④ 激しい → 病気が ⑤ 急性の
- 状況が ⑥ 深刻な
- 声が ⑦ 高音の

類 sharp, poignant, keen, pointed, astute, shrewd
反 dull, obtuse, chronic

ポイント！ acute は針のように先がとがって鋭いこと。形状面での鋭さから、痛みの鋭さ、心に突き刺さってくるような深刻さなどをいいます。名詞には **acuteness** のほか **acuity**「（感覚、才知などの）鋭敏さ、（針などの）鋭さ、（病気の）激しさ」があります。

Examples

① **Treat carefully anything with an acute tip.**

先の鋭いものはどれでも気をつけて扱いなさい。

② **This triangle includes two acute and one obtuse angles.**

この三角形には2つの鋭角と1つ鈍角があります。

③ **Among animals, dogs especially have an acute sense of smell.**

動物の中でも特に犬は鋭敏な嗅覚を持っている。

④ **I couldn't sleep well last night because of an acute pain after the operation.**

手術後の激しい痛みのため昨夜はよく眠れなかった。

⑤ **He has acute pneumonia.**

彼は急性肺炎にかかっている。

⑥ **The labor shortage became acute.**

労働力不足問題は深刻になった。

⑦ **Some sounds are so acute that we cannot hear them.**

音には非常に高くて私たちが聞き取れないものがある。

moderate [mάdərət] 形

一番左の 原義 から連想して **7つ** の意味をとらえよう！

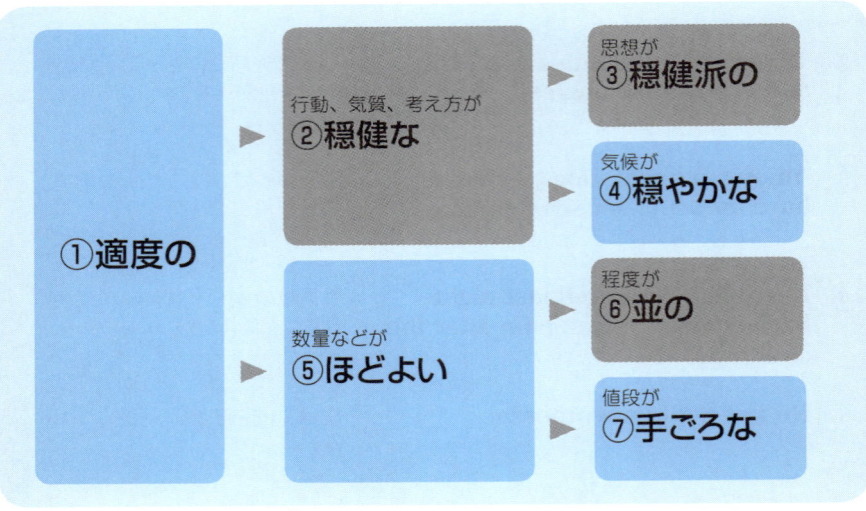

①適度の

→ 行動、気質、考え方が ②穏健な
 → 思想が ③穏健派の
 → 気候が ④穏やかな

→ 数量などが ⑤ほどよい
 → 程度が ⑥並の
 → 値段が ⑦手ごろな

類 temperate, mild, soft, easygoing, forbearing, reasonable
反 radical, hard, extreme, expensive

ポイント！ moderate は適度な状態に加減したことをいい、何事も極端に走らず中程度であることを表します。
　名詞としては「穏健な人、政治思想的に中道派の人」など。
　また、動詞として「行動・表現を慎む、節制する、加減する、調停役をする」など。
modest「控えめな、謙虚な」も同じ語源の単語です。

Examples

① **Moderate** exercise improves circulation.

適度な運動は血液の循環をよくする。

② These kinds of dogs have a **moderate** temper, so they will be easy to raise as pets.

この種の犬は穏健な気質なのでペットとして育てやすいでしょう。

③ He is considered to be a leader of the **moderate** group.

彼は穏健派グループのリーダーであると目されている。

④ This year also, we will have a **moderate** winter.

今年も寒さの穏やかな（厳しくない）冬になりそうです。

⑤ When you go down a slope by bike, be sure to apply the brakes to achieve **moderate** speed.

坂道を自転車で下るときは、ほどよいスピードにブレーキをかけるのを忘れないで。

⑥ You should be content with a **moderate** salary in these hard times.

こんな不景気のときは並の収入があればよしとすべきです。

⑦ The price was **moderate**.

値段は手ごろだった。

UNIT-93　　CD ▶ 083

profound [prəfáund] 形

一番左の 原義 から連想して 7つ の意味をとらえよう！

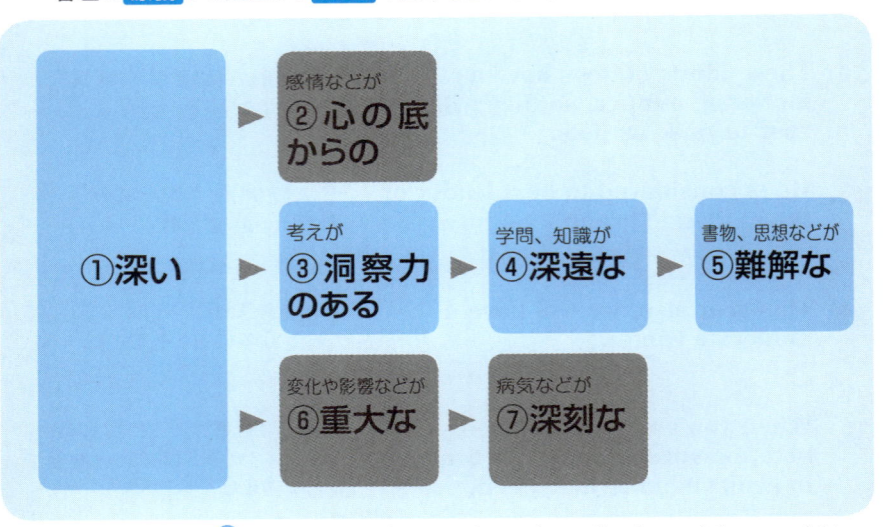

① 深い

感情などが
② 心の底からの

考えが
③ 洞察力のある

学問、知識が
④ 深遠な

書物、思想などが
⑤ 難解な

変化や影響などが
⑥ 重大な

病気などが
⑦ 深刻な

類 deep, heartfelt, intense, thorough, erudite, learned, heavy, weighty

ポイント！ profound も deep 同様、本来は「深い」という意味ですが、主に「学問、知識、思想などが深遠な」という意味で使われます。また、物事の影響や変化が深く行き渡り、重大な、深刻なという意味でも用いられます。
　副詞 **profoundly** は「深く、心から、完全に、非常に」など。
　名詞 **profundity** は「深いこと、深み、深遠」など。

Examples

① He sat in profound thought.

彼は座って深く考えていた。

② He felt profound sadness when she left him.

彼女が彼のもとを去って行ったとき、彼は心の底からの深い悲しみを感じた。

③ He has a profound insight into social phenomena.

彼は社会事象に対する深い洞察力を持っている。

④ He has a profound knowledge of medieval history.

彼は中世に関する深遠な知識を持っている。

⑤ They developed into a profound debate.

それは難解な論争に発展した。

⑥ The magazine is featuring profound changes in the earth's climate.

その雑誌は地球の気象の重大な変化を特集している。

⑦ They've suffered profound disability.

彼らは深刻な障害を負った。

UNIT-94　CD ▶ 084

fertile　　[fə́:rtl]　形

一番左の 原義 から連想して 4つ の意味をとらえよう！

土地が
① 肥沃な ▶ ② 多産な
▶ ③ 豊かな ▶ ④ 創造力に富む

類 prolific, productive, fruitful, rich, creative, inventive
反 infertile, sterile, barren, arid

Examples

① In that region, there used to be a vast **fertile** plain.
その地域にはかつては**肥沃な**平地が広がっていた。

② The area is **fertile** in vegetables.
その地域は野菜を**多く産出**する。

Fish are especially **fertile** among living things.
生き物の中でも魚は特に**多産**である。

③ She could not repress her **fertile** tears.
彼女は**豊かな（あふれる）**涙を抑えることができなかった。

④ The boy has a **fertile** mind.
その少年は**創造力に富む**心を持っている。

ポイント！ 土地が肥えていること、多産なことをいいます。そこから、何かの豊かさを表現するときに much や a lot of のように用いられることもあります。

動詞 fertilize は「土地を肥沃にする、肥料を与える、受精させる、(精神を)豊かにする」。この名詞化、fertilizer は「肥料、豊かにする物・人」など。

また、反対語 sterile「不毛の、子ができない、無菌の」。この動詞化 sterilize「不毛にする、殺菌する」、さらに名詞化 sterilizer「殺菌剤」も関連して覚えたいものです。

UNIT-95　　CD ▶ 084

genuine

[dʒénjuin]　形

一番左の 原義 から連想して 5つ の意味をとらえよう！

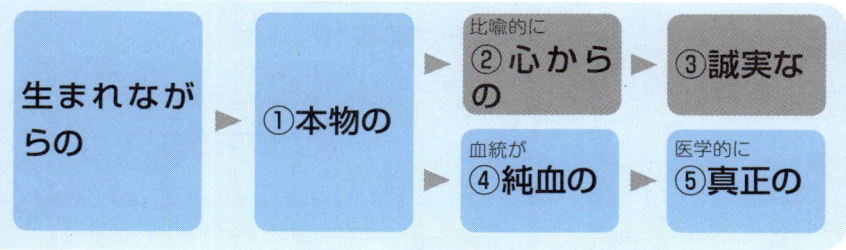

生まれながらの ▶ ①本物の ▶ 比喩的に ②心からの ▶ ③誠実な

▶ 血統が ④純血の ▶ 医学的に ⑤真正の

類 true, right, real, authentic, sincere, unaffected, honest, valid
反 fake, false

Examples

① It proved to be his genuine signature.
　それは彼の**本物の**署名と判明した。

② He gave a genuine apology to the bereaved families.
　彼は遺族に**心からの**謝罪を示した。

③ She is a very genuine person.
　彼女はとても**誠実な**人物だ。

④ Is this puppy a genuine poodle?
　この子犬は**純血の**プードルですか。

⑤ They were suspected to be cases of genuine cholera.
　彼らは**真正**コレラの症例ではないかと疑われた。

ポイント！ genuine は、本来の生まれながらのという意味から、正真正銘の、本物の意味に用いられます。real は「本物の」という意味を表す一般的な語ですが、「現実の実物」というところに意味の中心があります。また、true は正しいか、間違いかという意味での本物であることをいいます。さらに、authentic は絵画、著作、情報などが本物であると十分信頼できるという場合に用いられる語です。

　名詞は genuineness「真実性、誠実さ」。

UNIT-96　　CD ▶ 085

humble

[hʌ́mbl]　形

一番左の 原義 から連想して 5つ の意味をとらえよう！

- ① へりくだった
  - 人の行為が ▶ ②つつましやかな
  - 身分地位が ▶ ③卑しい
    - ▶ ④粗末な
    - 卑下して ▶ ⑤つまらない

Examples

類 lowly, modest, unassuming, paltry, mean

① His humble attitude impressed the interviewers favorably.
彼のへりくだった態度は面接官たちに好感を与えた。

② After retirement, he led a humble life in his hometown.
定年後、彼は故郷でつつましい生活を送った。

③ He was rather a man of humble birth but climbed all the way up and came to power.
彼はどちらかといえば生まれが卑しい人であったが、権力の座まで上りつめた。

④ There used to be humble houses here.
かつてここには粗末な家々があった。

⑤ In my humble opinion, our company should take a more drastic strategy in the Asian market.
私のつまらない意見（卑見）ではありますが、わが社はアジア市場でもっと思い切った戦略を取るべきです。

ポイント！　modest も「控えめな、つつましやかな」ことを表しますが、humble は「自らを卑下すること、卑屈さ」を含みますので使い方に注意が必要でしょう。

　動詞としての humble は「自分を卑下する、謙虚にする、人を卑しめる、（地位などを）落とす、敗北させる」などの意味で他動詞として用いられます。

　名詞では、humbleness「謙虚、卑下」のほか、humility「謙虚、卑下」という語も要注意です。これに関連して他動詞 humiliate「恥をかかせる、屈辱を与える」も覚えましょう。（例）I felt humiliated by his remarks. 彼の言葉で屈辱的な思いをさせられた。

vital

[váitl] 形

一番左の **原義** から連想して **4つ** の意味をとらえよう！

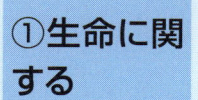

- ①生命に関する
  - ②活気のある
  - ③致命的な ▶ ④極めて重要な

類 animate, vivifying, lively, invigorating, alive, vibrant, essential, indispensable, necessary, fatal

Examples

① The old man is full of vital energy.
その老人は**生命力に**あふれている。

② The rising novelist is popular with young people for her vital style.
その新進作家は**活気のある**文体で若者に人気がある。

③ The event was to be a vital blow to the company.
その事件は会社にとって**致命的な**痛手となった。

④ To continue or not is vital question.
続けるかどうかが**極めて重要な（死活）**問題だ。

ポイント！ vita（= life）は「生命」ですから、vital は生命の、生命のみなぎる、活気のある、生きるか死ぬかに関わる、重大なという意味を持ちます。

動詞 vitalize は「生命を与える、活性化する」。

（例）**Their movement helped vitalize the community.**
彼らの活動は地域活性化に役立った。

名詞 vitalization は「活性化」。

名詞 vitality は「生命力、活力、元気」。

また、vitamin「ビタミン」も vita（= life）の関連語です。発音 [váitəmin] に注意しましょう。

UNIT-98　CD ▶ 086

feature [fíːtʃər]　名

一番左の **原義** から連想して **6つ** の意味をとらえよう！

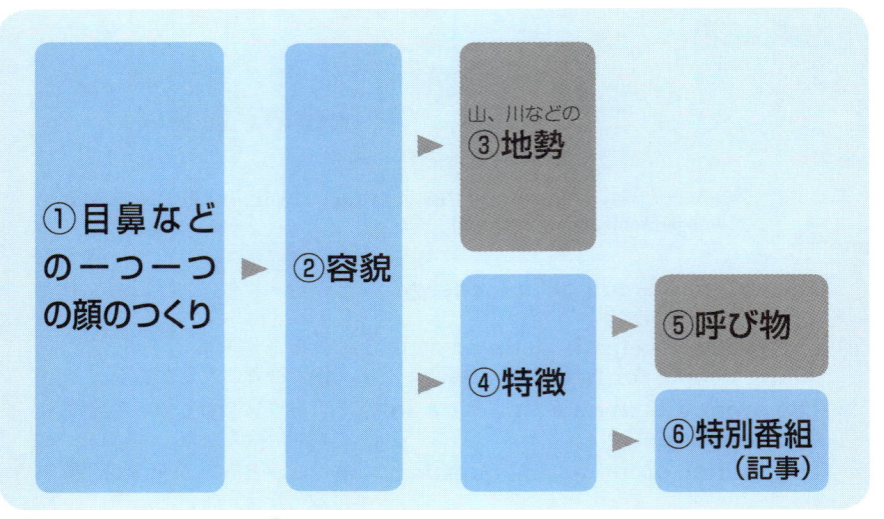

①目鼻などの一つ一つの顔のつくり ▶ ②容貌 ▶ 山、川などの ③地勢

②容貌 ▶ ④特徴 ▶ ⑤呼び物

④特徴 ▶ ⑥特別番組（記事）

類 trait, peculiarity, property, characteristic, specialty, attraction

ポイント！ もともとは作られたもののことで、人や物の姿、形や顔立ち、ほかと区別される姿、形上の特徴などを表します。

動詞としても「～を呼び物にする、特集する、主演させる、特徴付ける」などの意味で用いられます。

（例）**The latest model features solar panel.**
　　最新モデルはソーラー・パネルを売りにしている。

形容詞 **featureless** は「特色のない、面白くない」。

Examples

① **Her eyes are her best features.**
彼女の目は**顔のつくり**の中で一番の傑作だ。

② **It doesn't matter whether you have fine features.**
美しい**容貌**かどうかは問題ではありません。

③ **The region tends to suffer water shortages due to its geographical features.**
地勢からいって、その地方は水不足の被害を被りやすいのです。

④ **Beautiful scenery is a feature of this town.**
美しい景色がこの町の**特徴**です。

⑤ **The feature of the exhibit is the dancing humanoids.**
その展覧会の**呼び物**は踊る人間型ロボット達です。

⑥ **The magazine makes a feature of forthcoming Olympic games.**
その雑誌は今度のオリンピックを**特集**している。

issue [íʃuː] 名

一番左の **原義** から連想して **5つ** の意味をとらえよう！

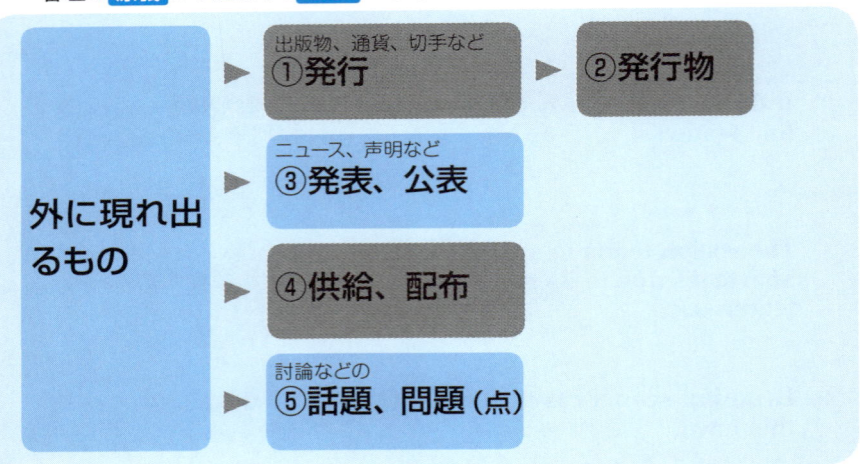

外に現れ出るもの

- 出版物、通貨、切手など
  ①発行 ▶ **②発行物**
- ニュース、声明など
  ③発表、公表
- **④供給、配布**
- 討論などの
  ⑤話題、問題（点）

類 publication, discharge, topic, question, offspring

ポイント！ issue は本来 exit 出口、出て行くことですから、外へ出てきたもの、出されるもののことをいいます。

ものが実際に流出、放出することから、主に、世間に発表、公表、配布すること、印刷物などを発行すること、発行されたもの、刊行物のことや、生じている話題、問題点、のことを意味します。

issue は動詞としての使用も多く、自動詞として「（液体、音、煙などが）流れ出る、（本が）発行される、（事が）生じる、由来する」 他動詞として、「（宣言、命令など）出す、公布する、（手形など）振り出す、（本などを）発行する、（液体、煙など）放出する、（物資を）支給する、配布する」などの意味で用いられます。

（例）**The prime minister issued a statement on drastic reduction of CO2.** 首相は二酸化炭素の思い切った削減についての声明を出した。

名詞 issuer は「発行人、手形の振出人」。

Examples

① **An additional issue of the national bonds must be considered.**

国債の追加**発行**が検討されなければならない。

② **A detailed news report is carried in the latest issue of the magazine.**

ニュースの詳細記事がその雑誌の最新の**発行物**(最新号)に載っています。

③ **The issue of the joint statement is scheduled at 1:00 p.m.**

その共同声明の**発表**は午後1時の予定だ。

④ **The issue of getting commodities to the earthquake victims is a pressing matter.**

震災被害者への日用品の**供給**が緊急の問題だ。

⑤ **They are divided on this issue.**

この**問題**に関しては彼らの意見が分かれている。

UNIT-100　CD ▶ 088

occasion [əkéiʒən] 名

一番左の **原義** から連想して **6つ** の意味をとらえよう！

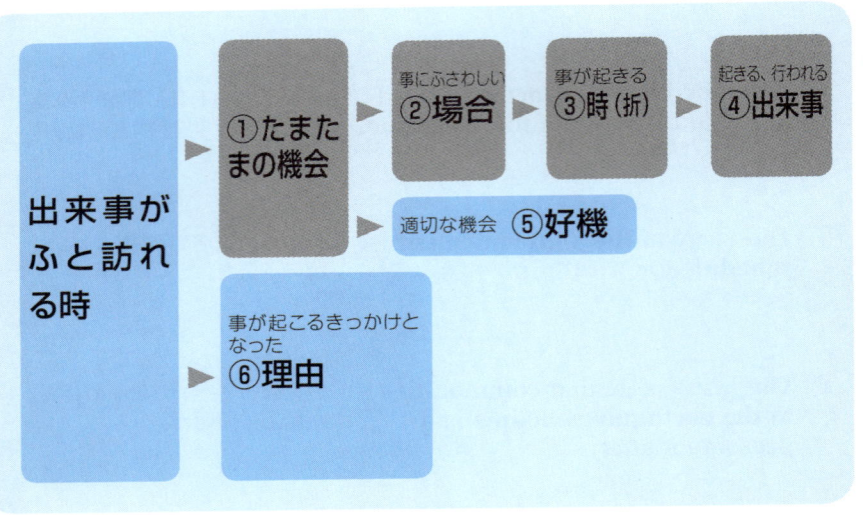

出来事がふと訪れる時
→ ①たまたまの機会
　→ 事にふさわしい ②場合
　　→ 事が起きる ③時(折)
　　　→ 起きる、行われる ④出来事
　→ 適切な機会 ⑤好機
→ 事が起こるきっかけとなった ⑥理由

類 opportunity, event, circumstance, moment, chance, reason

ポイント!　occasion のもともとの意味は「ふりかかってきたもの」、つまり、「何事かが訪れる時」のことです。ですから、偶然訪れた機会、好機、その時、それが起こる場（場合）、出来事そのもの、そのことが起こることになる原因や理由のことを表します。

形容詞 occasional は「時折の、臨時の、特別な場合の」など。
副詞 occasionally は「時折、時々」など。

Examples

① **He has had little occasion to go abroad on business.**
彼は仕事上で海外へ行く**機会**がほとんどなかった。

② **It's no occasion for laughter.**
笑っている**場合**ではない。

Such loud music does not fit the occasion.
そんなやかましい音楽はその**場合**にふさわしくありません。

③ **He was awarded a prize for full attendance on the occasion of his graduation.**
彼は卒業の**折**に皆勤賞を授与された。

④ **Their wedding was a great occasion.**
彼らの結婚式は盛大な**出来事**だった。

⑤ **You should change your job if the occasion arises.**
好機が訪れれば、あなたは転職すべきだ。

⑥ **There's no occasion to be afraid.**
心配する**理由**はなにもない。

■ 著者紹介

遠藤 尚雄　*Endo Hisao*

丸紅、富士通を経て、ファナックへ。ファナックでは海外担当常務取締役。49歳でファナック在米法人の初代社長となり、シカゴに赴任。GE Fanuc Automation Europe、Fanuc GE Automation Asia 社長を歴任。ファナック常務退役後、顧問として海外派遣社員の英会話教育を行う。現在、国際教育研究所所長。

国際教育研究所　http://www.pasocon-eikaiwa.com/
〒186-0002　東京都国立市東 1-15-13-1102
電話　042 (595) 9146　　FAX　042 (595) 9147
E メール　endo@pasocon-eikaiwa.com

カバーデザイン	滝デザイン事務所
本文デザイン／DTP	株式会社　群企画
CD 録音・編集	財団法人　英語教育協議会 (ELEC)
CD 制作	高速録音株式会社

J 新書⑩
ネイティブ発想英単語

平成 22 年（2010 年）5 月 10 日発売　初版第 1 刷発行

著者	遠藤尚雄
発行人	福田富与
発行所	有限会社　J リサーチ出版
	〒166-0022　東京都杉並区高円寺北 2-29-14-705
	電話　03 (6808) 8801(代)　　FAX　03 (5364) 5310
	編集部　03 (6808) 8806
	http://www.jresearch.co.jp
印刷所	株式会社　シナノ パブリッシング プレス

ISBN978-4-86392-011-8　禁無断転機。なお、乱丁・落丁はお取り替えいたします。
© Endo Hisao 2010 All right reserved.